Wild
und köstlich

einfach gut leben

Wild
und köstlich

Marlisa Szwillus

Dort-Hagenhausen-Verlag

Inhalt

Liebe Leserinnen und Leser,

Jagdschlösser, Jagdliteratur, Jagdhornkonzerte, Hubertusmessen und Jägerstammtische – unsere Jagd ist Heimat pur. Eine der zahlreichen Facetten der Jagdkultur ist kulinarischer Natur: das Wildbret. Vom Rehragout bis zur Wildentenbrust – schmackhafte Wildgerichte finden sich auf den Speisekarten heimischer Gaststätten wie in der Küche daheim.

Nutzen und schützen gehen für uns Jägerinnen und Jäger Hand in Hand: Die Hege und Pflege des Wildes, das unverwechselbare Naturerlebnis bei der Jagd und die fachgerechte Verwertung des Wildbrets spielen eng zusammen. Dieses Zusammenspiel ist Beispiel für die häufig zitierte Nachhaltigkeit, von der Wildtierpopulation, Wildtierlebensraum und Jäger profitieren, wenn Regeln beachtet werden.

So setzen wir Jägerinnen und Jäger uns etwa in enger Zusammenarbeit mit den Grundeigentümern für den Erhalt von Feldrainen ein, die für bunte Naturvielfalt in der Agrarlandschaft sorgen. Wir kümmern uns auch um den Erhalt blüten- und artenreicher Hecken, die nicht nur die Landschaft bereichern, sondern Biotop für Pflanzen und Tierwelt sind. Wenn die landschaftliche Struktur passt, ist der Wildbestand gesichert. Dann ist es auch erlaubt, mit gutem Gewissen zu „ernten" und den Zuwachs abzuschöpfen. Gejagt wird immer nur so viel, dass eine Tierart in ihrem Bestand nicht gefährdet wird. Mit einem Reh, einer Gams oder einem Hasen nach Hause zu kommen – das ist die Belohnung für unser Engagement.

So vielseitig wie die Jagd, so vielseitig ist auch die Zubereitung des Wildbrets. Es muss nicht immer ein aufwendiger Braten sein. Warum nicht mal ein Rezept neu interpretieren? Ein Wrap lässt sich auch mit Wildfleisch und Avocadostreifen füllen. Für Hackbällchen eignet sich hervorragend Fleisch vom Wildschwein und Wildkaninchen vom Grill ist eine willkommene Abwechslung auf Grillpartys.

Wild passt gut zum wachsenden ökologischen Bewusstsein einer Gesellschaft, die nach neuen, nachhaltigen Werten sucht. Es ist je nach Jagdzeit saisonal im Angebot und regional über einen ortsansässigen Jäger zu beziehen. Ohne Massentierhaltung, ohne lange Transportwege. Wildbret schmeckt nach Heimat, schont die Umwelt und fördert die Region.

Interessante Tipps und Tricks aus der modernen Wildküche finden Sie auf den nächsten Seiten. Lassen Sie sich inspirieren.

Unseren Jägerinnen und Jägern wünsche ich Waidmannsheil und den „Nur-Genießern" von Wildfleisch einen guten Appetit.

Ihr Prof. Dr. Jürgen Vocke

Ein paar Worte vorweg

Haben Sie Lust auf Fleisch? Dann entscheiden Sie sich doch mal für Wild. Ich lade Sie ein, eine neue Art der Wildküche zu entdecken – natürlich, leicht, frisch, aromatisch. Schnitzel, Koteletts, Steaks und Braten werden so unkompliziert zubereitet, wie Sie es von anderen Fleischsorten her kennen. Mit Rezepten zwischen Tradition und Trend, für alle Tage und für jeden nachkochbar.

Frisches Wildfleisch bekommt man bei uns rund neun Monate im Jahr. Erfreulicherweise beschränkt sich die Zubereitung von Wildbret also nicht nur auf Herbst und Winter mit ihren Feiertagen.

Schon im Frühsommer beginnt die Jagd- und Wildsaison mit dem Maibock. Kombiniert zum Beispiel mit Spargel oder Morcheln ein köstlicher Einstand. In der warmen Jahreszeit dann möchten die meisten überwiegend Leichtes essen, aber nicht lange in der Küche stehen. Das sind geradezu ideale Bedingungen für Wildfleisch. Kurzgebratene Medaillons auf sommerlichem Salat oder Schnitzelbrot-Snack sind nur zwei Beispiele für die Vielseitigkeit von Wildbret. Stichwort Vielseitigkeit: Die boomende Zahl der Grillfans sucht immer mehr die Abwechslung auf dem Rost, sucht neue Geschmackserlebnisse. Beides findet sie beim Wildfleisch – und die Rezepte dazu in einem umfangreichen Kapitel.

Allen, die zwischendurch auch mal fleischlos glücklich werden wollen, ist der vegetarische Wald gewidmet. Frühherbstliche Rezepte mit feinen Waldpilzen, würzigen Maroni, knackigen Nüssen und aromatischen Beeren.

Wenn dann die Tage kürzer und die gemütlichen Abende wieder länger werden, ist Wild mit seiner Fülle an Zubereitungsmöglichkeiten immer gut für genussvolle Stunden. Ob in kleiner oder größerer Runde, für alle Anlässe gibt es klassische wie auch moderne Rezepte mit Reh, Hirsch, Wildschwein, Hase, Fasan & Co. Zum butterzarten Fleisch gesellen sich noch mehr feine Aromen, die diese Zeit so schmackhaft machen: Quitte, Apfel, Holunder, Vanille, Zimt, Wein.

Aber was wäre ein saftiges Stück Wildfleisch ohne leckere Beilagen? Brezenknödel-Rolle, Nuss-Spätzle, gebackener Kürbis, in Rotwein marinierter Kohl und eine Reihe anderer raffinierter Beigaben machen die Gaumenfreuden rundum komplett. In diesem Sinne, gehen Sie auf kulinarische Pirsch und genießen Sie das Beste, was unser Wald zu bieten hat.

Ihre Marlisa Szwillus,
Kulinarische Journalistin & Autorin

Schützen, nutzen und genießen

Tiere, die im Einklang mit der Landschaft leben, Ernährungsbedingungen, die gesundes Fleisch schaffen, und eine artgerechte Hege – das sind die Voraussetzungen für einen bewussten Fleischgenuss. Gerade Fleisch vom Wild, das ein Leben in freier Wildbahn genossen hat, ist eben nicht „irgendein Fleisch", sondern ein gewachsenes, vitaminreiches, mageres und ausgewogenes Lebensmittel. Um diesen wertvollen Rohstoff optimal zu würdigen, bedarf es einiger weniger Vorkenntnisse, guter Zubereitungsmethoden und der Lust, gutes Essen zuzubereiten und zu genießen. Mal festlich und groß, aber eben auch zeitgemäß unkompliziert, auf dem Grill oder als Snack.

Schützen, nutzen und
... genießen

Selbst für das Fleisch im Kochtopf zu sorgen, sprich „jagen in der Natur" – ursprünglicher und natürlicher kann eigentlich niemand zu seinem Essen kommen. Die Jägerinnen und Jäger, die in Deutschland, Österreich und der Schweiz auf die Jagd gehen, haben mit dem Jagdschein die Chance erworben, das Fleisch und Geflügel, das sie essen möchten, selbst zu erlegen. Das schmackhafte Wildfleisch ist laut einer Umfrage einer der Hauptgründe, warum sich die Jäger am frühen Morgen oder in den Abendstunden auf ihren Weg ins Revier machen. Wer einmal einen Rehrücken gegessen hat, ein saftiges Hirschsteak vom Grill oder marinierte Entenbrüste, der wird den Geschmack dieses kernigen, langsam gewachsenen Fleisches so schnell nicht mehr vergessen. Wie hieß es kürzlich in einer großen Tageszeitung: „Wildbret gilt als willkommene und ethisch überlegene Alternative zur Massentierhaltung. Wild, das auf den Teller kommt, hat vorher die Freiheit genossen."

Wildbret ist eine Bezeichnung für das Fleisch wild lebender Tiere, die dem Jagdrecht unterliegen. Der Begriff stammt aus dem Mittel-hochdeutschen und wurde in den Jahren zwischen 1050 und 1350 geprägt. Das Wort „bræt" ist nur ein anderer Ausdruck für Fleisch.

Selbst kochen und bewusst genießen, das ist ein Trend, den die Jägerschaft schon lange für sich entdeckt hat und der in unserer schnelllebigen Zeit immer mehr Anhänger findet. Viele Konsumenten wollen wissen, woher ihre Lebensmittel kommen, und greifen ganz bewusst zu regionalen Produkten, die der Saison entsprechend angeboten werden. Wildfleisch ist ein klassisches Naturprodukt. Wildtiere werden nicht gemästet, sondern ernähren sich artgerecht. Dass zu einem perfekten Jagdtag auch noch die Gemeinschaft gehört, die praktische Naturschutzarbeit und ein spannendes, intensives Naturerlebnis, ist ein schöner Nebeneffekt. Jagen ist eine geduldige Aufgabe. Rund zwanzig Stunden sitzt ein Jäger im Durchschnitt auf seinem Hochsitz, bevor sich die Chance ergibt, erfolgreich ein Wildschwein zu erlegen. Beim Reh sind es immerhin noch mindestens zehn Stunden im Schnitt. Zeit, in der ein Jäger die natürliche Umgebung mit allen Sinnen erlebt und ein feines Gespür für die Bedürfnisse der Pflanzen und Tiere entwickelt.

Mit sinvollem, reglementiertem Jagen lassen sich Wildbestände nachhaltig regulieren. Das Wildtiermanagement verlangt viel Fingerspitzengefühl. Jagd ist nicht nur eine der ältesten Formen des Nahrungserwerbs, sondern schont zugleich die Ressourcen. Die richtig verstandene Jagd schöpft nur den Überschuss eines Jahres als „Ernte" ab und hält den Bestand stabil. In Regionen, in denen ein Einbruch der Population zu spüren ist, wird auf die Bejagung bewusst verzichtet, wie in den letzten Jahren zum Beispiel zum Schutz der Niederwild-Bestände von Feldhase, Fasan und Co.

Schmuck an der Wand

Die ältesten Höhlenmalereien, zum Beispiel in den Höhlen von Lascaux oder Altamira, haben meist nur ein Thema: Die Jagd. Die faszinierende und für die ganze Sippe überlebenswichtige Aktion wurde schon früh in ausdrucksstarken Szenen festgehalten. Keilerzähne zu sammeln und Geweihe an die Höhlen-, respektive Wohnzimmerwand zu hängen, hat eine lange Tradition. „Hast nicht ein Rehgwichtl oder ein Gweih für mich?" ist eine Frage, die schon mancher Jäger gehört hat. Selbst die Wände von Zwei-Zimmer-Dachgeschoss-Wohnungen in der Innenstadt schmücken heute „Trophäen", wahlweise auch aus Holz oder Pappe, in Knallfarben lackiert oder mit einer Handvoll Strass-Steinen veredelt. Der Jagdhaus-Schick ist populär geworden.

Der Jäger kennt viele Rituale, die einem Außenstehenden vielleicht seltsam anmuten: Wenn er dem erlegten Reh als *letzten Bissen* einen grünen Zweig in den *Äser* (Maul) steckt, oder wenn nach einer erfolgreichen Jagd die Beute nach strengen Regeln aufgereiht und die Strecke im Fackellicht *verblasen* wird. Das noch präsente Erlebnis findet so seinen Höhepunkt. Was dem Nicht-Jäger geheimnisvoll, ja geradezu mystisch erscheinen mag, ist eine von alters her tradierte Form der Ehrerbietung für das Tier, das gerade erlegt wurde.

Wildbrethygiene beginnt beim Erlegen

Wildbret steht bei Fleischliebhabern in hohem Ansehen. Die Nachfrage nach Wildbret von Reh, Hirsch und Wildschwein aus heimischen Revieren nimmt in der Gastronomie, zum Beispiel bei Wildwochen, und auch von Privatleuten zu. Denn Wildfleisch ist ein natürlich erzeugtes, schmackhaftes, fettarmes und mineral- sowie spurenelementereiches Produkt, reich an Zink, Eisen und speziell Selen, das in vielen anderen Nahrungsmitteln nicht enthalten ist; außerdem ist der Gehalt an B-Vitaminen beachtlich. Gerade wegen der hohen Wertschätzung tut die Jägerzunft alles, damit der Genusswert vom „Revier bis zum Teller" nicht Schaden nimmt. Einen zentralen Bereich stellt die Wildbrethygiene dar. Für die Einhaltung und Umsetzung der einschlägigen Vorschriften trägt der „Jagdausübende" die Verantwortung. Bis zur Abgabe des erlegten Wildes ist der Revierinhaber für die gesundheitliche Unbedenklichkeit und Qualität verantwortlich.

Bereits vor dem Erlegen hat der Jäger zu beurteilen, ob das Verhalten oder die körperliche Verfassung auf Erkrankungen schließen lassen. Bestehen derartige Bedenken, ist das erlegte Stück samt aller Organe der amtlichen Fleischuntersuchung zuzuführen. Weil keine *Lebendbeschau* durchgeführt werden konnte, darf zum Beispiel ein Reh, das bei einem Wildunfall getötet wurde, nicht mehr als Lebensmittel veräußert werden.

Wildbret ist ein Nischenprodukt. Laut Statistik isst jeder Deutsche pro Jahr 600 Gramm Wildfleisch. Speziell in der kalten Jahreszeit greifen die Konsumenten gerne zu Wildbret und bieten die Restaurants Wildgerichte an. Die Nachfrage kann mit dem regionalen Angebot aber nicht gedeckt werden, deshalb muss zusätzlich Wild importiert werden. Das Angebot reicht von Wildschweinen aus Polen bis Rotwild aus Neuseeland. Wer tiefgefrorenes Wildfleisch im Supermarkt kauft, muss die Aufschrift auf der Verpackung studieren, um mehr über den Ursprung des Fleischs zu erfahren. Teilweise kommt es aus großen, vergatterten Wildfarmen und weist nicht die typische Wildnote auf.

Wer im Wildladen oder beim Metzger Wildfleisch kauft, kann sich nach der Herkunft erkundigen. Damit der Weg vom Wald bis zur Ladentheke zurückverfolgt werden kann, muss jedes Stück, das in den Handel kommt, mit einem Etikett gekennzeichnet werden. Dies enthält Informationen über Wildart, Teilstück, Gewicht, Haltbarkeit und Revier. Darüber hinaus sind Angaben zum Erlegungsdatum, sowie Name und Anschrift des Verkäufers anzugeben. Verkauft der Jäger sein Stück direkt an den Endverbraucher, greift diese Vorschrift nicht.

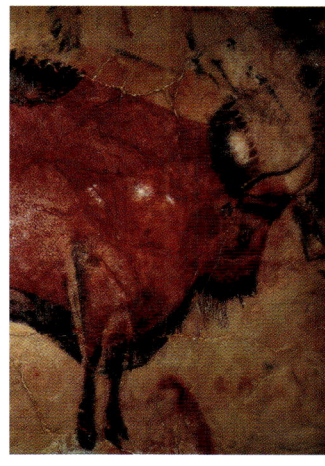

Frühe Wilddarstellung in den Höhlen von Altamira, Spanien.

Fit mit Wildbret – damit Winterspeck erst gar nicht entsteht!

Viele Wildtiere haben sich im Laufe der Evolution der Kälte angepasst: Sie fressen sich im Herbst eine dicke Fettschicht an, in der Fachsprache „Feist" genannt, oder legen sich einen Winterpelz zu. Beides sichert ihnen trotz Kälte und Nahrungsmangel das Überleben in der Natur. Auch wenn der Mensch in den Wintermonaten nicht an Kälte und Nahrungsmangel leidet, neigt er dazu, sich in den kälteren Monaten „Feist" anzufuttern. Dabei wäre eine gesunde Ernährung ganz einfach. Der Tipp lautet: Ernähren Sie sich wie die Jäger und Sammler in grauer Vorzeit. Essen Sie mehr Wildbret!

Ein ordentliches Stück Fleisch sättigt anhaltend, wie jeder aus Erfahrung weiß. Eiweiß, wie es in Wildbret reichlich enthalten ist, sorgt nicht für den schnellsten, aber für einen anhaltenden Sättigungseffekt. Es füllt den Magen mit Volumen und Gewicht, wird langsam verdaut, und in der Leber kann aus Eiweiß der nötige Zucker für den Stoffwechsel hergestellt werden. Damit wird ein Hunger auslösender Blutzuckerabfall vermieden. 30 Prozent der rechnerisch zugeführten Kalorien werden bereits beim Abbau von Eiweiß verbraucht. Hinzu kommt, dass Fleisch von Wildtieren neben Seefisch und Fleisch aus artgerechter Haltung die beste Quelle für Omega-3-Fettsäuren ist, die sonst nur in Rapsöl, Walnüssen, Leinsamen bzw. daraus hergestellten Ölen oder Margarinen enthalten sind. Diese „Diät" unserer Vorfahren, der Jäger und Sammler, hat bis heute ihre Vorteile für die Figur. Wer reichlich Blätter, Knospen, Wurzeln, Früchte – heute Obst und Gemüse genannt – verzehrt und dazu ein Hirschsteak oder Rehmedaillons genießt, kann sicher sein, dass diese Speisen ihn nicht nur satt, sondern schlank und fit machen. Und sie bescheren zudem ein Höchstmaß an Gaumenfreuden, denn das Fleisch der Wildtiere ist würzig und geschmackvoll.

Dennoch ist Wild nicht automatisch ein sogenanntes Bio-Produkt. Tiere, die in freier Wildbahn leben, können nicht zertifiziert werden, denn sie fressen, was sie finden. Deshalb müssen Wildfisch und -fleisch auf Bio-Speisekarten gesondert gekennzeichnet werden, beispielsweise als „Hirschrücken/Erzeugnis der Jagd".

Wissenswertes beim Kauf von Wildfleisch

• Gattertiere sind keine Wildtiere! Sie wurden mit Heu und Gras zur Schlachtreife herangefüttert und auf eingezäunten Weiden gehalten. Die Fettsäurezusammensetzung von Wildbret ist um ein Vielfaches günstiger als von Tieren aus der Intensivmast, wie Lisa Gamsjäger und Teresa Valencak vom Forschungsinstitut für Wildtierkunde und Ökologie der tiermedizinischen Universität Wien herausgefunden haben.

• Auch im Vergleich zu Wild aus Gatterhaltung schneidet echtes Freiwild demnach besser ab und hat tatsächlich einen höheren Anteil an Omega-3-Fettsäuren. Zu viel Zufütterung verändert den Charakter des Fleisches.

• Wild als Tiefkühlware – wie es in Supermärkten und im Handel jetzt häufig angeboten wird – ist meist Importware aus Übersee und stammt in der Regel von Gatterwild. Rund 40 Prozent des hier angebotenen Wildfleisches wird importiert.

• Dass zuvor tiefgefrorenes Fleisch „weicher" ist, stimmt nicht. Wenn Wildfleisch zu lange eingefroren bleibt, wird es trocken und strohig. Wildschwein sollte nicht länger als ein halbes Jahre eingefroren werden, Reh und Hirsch maximal ein Jahr.

• Namenhafte Küchenchefs raten vom Spicken des Wildbratens ab. Das Fleisch wird dadurch trocken, denn durch das Spicken werden Muskelzellen zerstört und es geht der Fleischsaft beim Braten verloren.

• Wildbret schmeckt nicht nur als Braten, sondern eignet sich auch als Ragout, Gulasch, Geschnetzeltes und Wild-Bolognese.

• Wild ist nicht automatisch ein Bio-Produkt. Weil die Tiere frei leben und fressen, was sie gerade mögen, ist eine Zertifizierung nicht möglich.

Heimisches Wild

Reh

Das Rehwild ist die am häufigsten vorkommende Schalenwildart in Deutschland. Es lebt hauptsächlich in deckungsreichen Laub- und Mischwäldern sowie in abwechslungsreichen Wald-Feld-Landschaften. Im Gegensatz zu den übrigen heimischen Hirscharten ist es ein Einzelgänger oder lebt in kleineren Familienverbänden, die sich im Winter auch zu größeren *Sprüngen* zusammenschließen können. Das Reh ist ein wahrer Feinschmecker: Am liebsten frisst es Kräuter und nährstoffreiche Pflanzenteile wie Knospen, Triebe und Früchte. Entsprechend würzig schmeckt sein Wildbret.

Rotwild

Rotwild ist in Deutschland die größte freilebende Wildart. Es war ursprünglich in offenen oder licht bewaldeten Auenlandschaften beheimatet. Der zunehmende Druck durch Besiedelung und Zerschneidung großer Teile der Landschaft durch Verkehrswege hat dazu beigetragen, dass es heute nur noch in weitgehend voneinander isolierten Gebieten vorkommt. Auch ist aus dem früheren Steppentier inzwischen ein reiner Waldbewohner geworden. Aktuell wird der Rotwildbestand in Deutschland auf rund 90 000 Stück geschätzt. Charakteristisches Markenzeichen des „Königs der Wälder" ist das mächtige Geweih, das jedes Jahr abgeworfen und neu geschoben wird. Im Alter von zehn bis zwölf Jahren hat der Hirsch sein mächtigstes Geweih. Hirschkühe tragen kein Geweih.

Damwild

Hinsichtlich seiner zoologischen Zuordnung gehört das Damwild wie das Rotwild zur Familie der Hirsche (Cerviden). Der natürliche Lebensraum von Damwild ist der Mischwald in klimatisch begünstigten Gebieten. Ursprünglich war es in den östlichen Mittelmeerländern beheimatet. Mit seiner Größe und Statur befindet sich Damwild genau zwischen Reh- und Rotwild. Vom Rotwild lässt sich das Damwild aufgrund seiner punktierten Decke und seiner geringeren Größe gut unterscheiden. Sein Geweih ist schaufelartig aufgebaut. Der Damwildbestand in Deutschland beträgt etwa 80 000 Tiere.

Gams

Die Gams ist als robuster Hornträger perfekt an ein Leben im Gebirge angepasst. Sie bewohnt die Alpen sowie andere europäische Hochgebirge von den Pyrenäen bis zum Kaukasus. Gämsen sind ziemlich kältetolerant und im Sommer in Höhenlagen oberhalb der Baumgrenze zu finden. Sie kommen selbst im Winter mit karger *Äsung* aus. Weibchen und Jungtiere leben in einem Rudelverband, während Böcke Einzelgänger sind und erst im Spätsommer die Rudel aufsuchen. Im November beginnt dann die kräftezehrende Brunft. Nach einer Tragzeit von sechs Monaten setzt die Gamsgeiß Ende Mai oder Anfang Juni ein, selten zwei oder drei Junge, die bald der Mutter folgen und drei Monate gesäugt werden. Weibliche Stücke sind erst im vierten Jahr geschlechtsreif.

Schwarzwild

Ursprünglich im Wald beheimatet, zieht es die Wildschweine auf Felder und Äcker, wo sie Schäden anrichten können. Der ausgesprochene Allesfresser dringt, angelockt von einem immensen Nahrungsangebot, heute bis in die Städte vor. Die Tiere sind bekannt für ihren besonders gut entwickelten Geruchs- und Gehörsinn sowie ihre hohe Intelligenz, was die Jagd auf sie zu einer besonderen Herausforderung macht. Wildsauen leben im Verbund, *Rotte* genannt, der von einer erfahrenen *Leitbache* angeführt wird.

Feldhase

Feldhasen sind bei uns von der Küste bis zum Alpenvorland zu finden, sofern geeignete *Habitate* mit ausreichend *Äsung* und *Deckung* vorhanden sind. Dort, wo die großräumige, industrielle Landwirtschaft dominiert, ist kaum mehr ein Hase anzutreffen. Den Tag verbringt der Feldhase meist in der Deckung oder döst in seiner *Sasse*; erst bei Einbruch der Dämmerung begibt er sich auf Nahrungssuche. Hasen sind reine Pflanzenfresser und leben, abgesehen von der Paarungszeit, weitgehend als Einzelgänger. Während der *Rammelzeit* liefern sich Rammler und Häsinnen wilde Verfolgungsjagden. Nach einer Tragzeit von 42 Tagen kommen zwei- bis dreimal im Jahr bis zu vier Junghasen zur Welt, die auf der Wiese abgelegt und von der Häsin nur einmal am Tag gesäugt werden. Eine schlaue Taktik, um keine Räuber auf die hilflosen Junghasen aufmerksam zu machen.

Rebhuhn

Das Rebhuhn ist der typische Bewohner der offenen Feldflur. Es lebt in Familienverbänden, sogenannten *Ketten*, in Jahresehe. Sobald im Frühjahr der Schnee auf den Feldern getaut ist, löst sich die Kette auf und die Hähne beginnen zu balzen, um sich eine Henne und ein eigenes Brutrevier zu erobern. Das Gelege einer Rebhenne kann aus bis zu 15 Eiern bestehen. Die Hühner ernähren sich von Grasspitzen, Unkrautsämereien, Insekten und Würmern. Nur die Jungtiere sind auf eiweißreiche Insektennahrung in den ersten Lebenstagen angewiesen, doch die ist wegen des Einsatzes von Pestiziden und Insektiziden in der Landwirtschaft selten geworden. Als ursprünglicher Kulturfolger leidet diese Federwildart unter der starken Technisierung und Intensivierung der Landwirtschaft.

Fasan

Der zum Beispiel in Bayern flächendeckend vorkommende Fasan ist eine Mischung aus verschiedenen Rassen. Die Vögel wurden bereits zur Römerzeit aus ihrer ursprünglich asiatischen Heimat nach Europa eingeführt, hier gezüchtet und dabei mehrfach gekreuzt. Lebensraum des Fasans sind Feld-Wald-Reviere mit Hecken und Feldgehölzen. Die erwachsenen Tiere sind reine Vegetarier, nur der Nachwuchs benötigt in den ersten Wochen einen hohen Anteil an Insektennahrung. Das Gelege, bestehend aus zehn bis zwölf Eiern, findet man in Wiesen und auf Weiden. Die Brutdauer beträgt 24 Tage. Besonders auffallend sind die langgestreckte Figur und das bunt schillernde Gefieder der männlichen Tiere.

Stockente

Die Stockente ist die häufigste bei uns verbreitete Wildentenart. Allen Enten gemeinsam ist ihr Lebensraum an nahrungs- und deckungsreichen Gewässern. Die Stockente ist ein Allesfresser und gründelt gerne im Flachwasser. Sie ist sesshaft und wandert nur in der weiteren Umgebung ihres Nistplatzes. Der Erpel trägt ein prächtiges Federkleid, die Weibchen ein tarnfarbenes Schlichtkleid. In den Monaten Juli bis September mausert auch der Erpel und ist in dieser Zeit kaum von der Ente zu unterscheiden.

Wachtel

Die Wachtel sieht dem Rebhuhn ähnlich, ist aber kleiner. Sie ist der einzige Zugvogel unter den Hühnervögeln, fliegt im September in wärmere Gefilde und kehrt im April/ Mai zurück. Ein Erkennungsmerkmal ist der weiße Streifen, der sich bogenförmig von der Schnabelwurzel beiderseits über das Auge bis zum Nacken zieht. Wachteln leben von Insekten, Blättern, Knospen und Sämereien. Einst recht häufig in Feld- und Wiesengebieten vertreten, sind die Bestandszahlen der Wachtel schon vor dem Rebhuhn und noch stärker als diese zurückgegangen. Wo sie noch vorkommt, ist die Wachtel im Bestand bedroht und hat deshalb ganzjährige Schonzeit. Wachteln leben wie Rebhühner paarweise und führen die Jungen nach dem Schlüpfen sieben Wochen gemeinsam.

Wild richtig zubereiten –
8 Tipps für gutes Gelingen

1 Das Rezept vorher lesen

Ein für Sie neues Rezept vor der Zubereitung von Anfang bis Ende aufmerksam lesen. Wer weiß, was Schritt für Schritt zu tun ist und sich die nötigen Küchenutensilien dazu vorher bereitstellt, geht die Kocherei entspannter an.

2 Raumtemperatur annehmen lassen

Fleisch je nach Größe des Stückes 1 bis 2 Stunden vor der Zubereitung aus dem Kühlschrank nehmen und Zimmertemperatur annehmen lassen, damit sich seine Fasern entspannen können und das Fleisch beim Garen schön zart wird.

3 Nur kurz anbraten

Beim Anbraten darauf achten, dass das magere Wildfleisch nur kurz, aber bei großer Hitze und in wenig Fett rundum braun brät. Anschließend am besten in der gleichmäßigen Hitze des Backofens fertig garen. Dabei auf die Kerntemperatur achten (Seite 20).

4 Backofenthermometer benutzen

Eine exakt eingestellte Gartemperatur ist für das Gelingen von so zartem Fleisch wie von Wild und Wildgeflügel wichtig. Die Temperatur im Ofen weicht aber häufig von der tatsächlich eingestellten ab. Mit einem Backofenthermometer lässt sich das überprüfen.

5 Vor dem Anschneiden ruhen lassen

Vor dem Servieren das Wild je nach Größe des Stückes 5 bis 10 Minuten in Alufolie gewickelt an einem warmen Ort ruhen lassen. Dadurch verteilt sich der Fleischsaft gleichmäßig, das Fleisch wird zart und saftig.

6 Tiefgekühltes schonend auftauen

Wild oder Wildgeflügel in einem verschließbaren Behälter mit Gittereinsatz im Kühlschrank auftauen. Die sich im Behälter gesammelte Flüssigkeit weggießen. Fleisch kurz kalt waschen, trocken tupfen und möglichst bald zubereiten.

7 Marinaden fürs Aroma

Marinaden aus Öl oder Wein, Kräutern und Gewürzen geben dem Wildbret ein ganz besonders Aroma. Das früher übliche Beizen ist nicht mehr zeitgemäß, da Wildfleisch heute gut gekühlt und frisch verkauft wird.

8 Belegen statt spicken

Spicken mit Speck verletzt das Fleisch, macht es eher trocken. Besser ist es, Wild und Wildgeflügel beim Garen mit dünnen Scheiben fettem Speck zu belegen, um es vor dem Austrocknen zu schützen. Den Speck nicht mitessen.

Küchenpraxis

Begriffe aus der Küchensprache für die Vor- und Zubereitung werden hier ausführlicher erklärt, da sie in den Rezepten nur kurz genannt werden.

ABLÖSCHEN Zu Angebratenem oder Angedünstetem etwas Flüssigkeit gießen. Durch Aufkochen und Rühren wird der aromatische Bratensatz gelöst.

ABSCHRECKEN Heißes Gargut kurz in eiskaltes Wasser tauchen, um den Garprozess schlagartig zu stoppen. Erhält bei grünem Gemüse die Farbe.

ANBRATEN In Fett bei hoher Temperatur wird z.B. die Fleischoberfläche fest, es bildet sich eine braune und aromatische Kruste.

ANSCHWITZEN In mittelheißem Fett andünsten, ohne dass die Lebensmittel Farbe annehmen, das heißt braun werden.

BINDEN Einrühren von u.a. Speisestärke, Mehl, Schlagahne, Crème fraîche oder Butter in Suppen und Soßen, um eine cremige Konsistenz zu bekommen.

BLANCHIEREN Lebensmittel in Salzwasser nur Sekunden bis Minuten sprudelnd kochen. Danach abschrecken.

EINKOCHEN LASSEN Brühe oder Soßen offen bei starker Hitze kochen lassen. Reduziert den Wassergehalt, intensiviert den Geschmack.

ENTFETTEN Am einfachsten mit einer Fett-Trennkanne. Oder Brühe oder Soße kalt stellen und das an der Oberfläche erstarrte Fett abheben.

KÖCHELN Gargut mit Flüssigkeit im Topf mit Deckel bei kleiner Hitze um den Siedepunkt garen.

MEHLIEREN Wenden in Mehl, um die Feuchtigkeit an der Oberfläche zu binden, beispielsweise bei Schnitzeln.

PARIEREN Das Wegschneiden von Häutchen, Sehnen und Fettstücken bei Fleisch und Geflügel, um es küchenfertig zu machen für die Zubereitung.

PLATTIEREN Fleischscheiben mit dem Handballen oder einem Pfannenboden gleichmäßig flach drücken, damit es einheitlich gart.

Die Kerntemperatur

Ob Rehrücken, Hirschmedaillons oder Wildentenbrust, das zarte Fleisch von Wild und Wildgeflügel sollte auf den Punkt gegart werden. Das heißt, gerade gar und gleichzeitig schön saftig sein. Am sichersten gelingt das mit einem Fleischthermometer. In die dickste Stelle des Fleischstücks gesteckt, misst es die Kerntemperatur, also den gewünschten Garpunkt. Digitale Thermometer schaffen das in Sekundenschnelle, ganz exakt.
Die im Buch angegebenen Kerntemperaturen und Garzeiten können nur Anhaltspunkte sein. Denn Fleisch reagiert von Mal zu Mal ein wenig anders, abhängig vom Lebensraum des Tieres, seinem Alter, der Fleischreifung und ob das Fleisch frisch ist oder tiefgekühlt war.

Rosa oder durch?

Gerade bei Wildfleisch wird diese Frage oft heiß diskutiert. Für Feinschmecker sind die zarten Teile wie Rücken, Filet oder auch Keule ein Hochgenuss, wenn sie rosa gebraten oder gegrillt sind. Vorsichtige Esser plädieren wegen eventuell vorhandener Krankheitserreger fürs Durchbraten bis zu einer Kerntemperatur von 80 °C. Das ist nach Meinung von Experten durch die modernen Hygiene- und Kühlbedingungen nicht mehr notwendig – vorausgesetzt man kauft gute Qualität.

In dieser Übersicht können Sie die Kerntemperaturen ganz einfach ablesen.

Kerntemperaturen

	rosa/medium gebraten, in °C	durchgebraten, in °C
Reh, Hirsch, Gams		
Rücken	55–60	–
Filet, Steak, Medaillon	55–60	–
Keule	56–60	80
Nüsschen	56–60	–
Schulter	60–63	80
Wildschwein		
Filet, Steak, Medaillon	60–62	–
Keule	65–67	80
Schulter	70–72	80
Feldhase		
Rücken, Filet	55–57	–
Keule	56–58	80
Wildkaninchen		
Filet	64–66	–
Keule	65–67	80
Fasan		
Brustfilet	60–62	–
Wildente		
Brustfilet	62–64	–

Gut zu wissen

Wild einkaufen

Frisches Fleisch von Wild und Wildgeflügel aus der Region können Sie im Wild-fachhandel, beim gut sortierten Metzger oder gleich beim lokalen Jäger erstehen. Wer in Ihrer Nähe als Jäger in Frage kommt, erfahren Sie z. B. auf der Website des Bayerischen Jagdverbands www.jagd-bayern.de unter der Rubrik Wildbret aus Bayern. Wer keine Verkaufsstelle in der Nähe hat, findet in Onlineshops ebenfalls gute Qualität, denn hinter etlichen Internet-Portalen stehen erfahrene Jäger.

Portionsmengen

Planen Sie als Hauptgericht pro Person 150 bis 200 g schieres Wildfleisch ein, mit Kno-chen etwa 350 g. Für eine Vorspeise oder einen Snack reicht etwa die Hälfte.

Knochen für Suppen und Soßen

Lassen Sie sich beim Einkauf die Wildknochen oder Geflügelkarkassen mitgeben. Aus diesen Aromabringern können Sie eine Basis-Brühe für Suppen und Soßen kochen. Wie die Wildbrühe auf Seite 38.

Wildgewürz

Alle Gewürzkörner mit Wacholderbeeren, Nelke und Lorbeer in einer beschichteten Pfanne ohne Fett bei mittlerer Hitze rösten, bis sie duften. Aus der Pfanne nehmen und abkühlen lassen. Mit Thymian, Zucker und Salz im Mörser oder Mixer fein zerkleinern. Wildgewürz in einem Schraubglas kühl und dunkel aufbewahren. Möglichst frisch ver-wenden.

je 1 EL schwarze und weiße
Pfefferkörner
1 TL Korianderkörner
3–4 Pimentkörner
3 Wacholderbeeren
1 Gewürznelke
1 Lorbeerblatt
1 TL getrockneter Thymian
1 TL Zucker
2 TL Salz

Wildfleisch aufbewahren und einfrieren

Für wenige Tage lässt sich Wildfleisch gut im Kühlschrank aufbewahren. Am besten an der kühlsten Stelle, also im untersten Fach über der Gemüseschublade. Zum Einfrieren das parierte, also küchenfertige Fleisch nicht waschen und nicht marinieren, dann ist es länger haltbar. Die Fleischstücke verpacken, eventuell sogar vakuumieren, beschriften und sofort bei minus 18 °C einfrieren. Folgende Lagerzeiten sollten nicht überschritten werden:

Reh, Hirsch, Gams:	12 Monate
Wildschwein:	6 Monate
Feldhase, Wildkaninchen:	8 Monate
Wildente, Wildgans:	6 Monate
Fasan:	4 Monate
Wildleber und -herzen:	6 Monate
Wildwürste und Wildschinken:	8 Monate

Salate
Suppen
Snacks

Diese delikaten Wild-Schmankerl sind zu jeder Tageszeit beliebt, als Einstieg vor dem Hauptgang oder auch für den kleinen Hunger zwischendurch. Unkomplizierte kalte und warme Gerichte, die Sie jeden Tag ohne große Kocherei auftischen können. Aber auch solche, die mit etwas mehr Aufwand verbunden sind und die sich als feine Gaumenkitzler für eine Gästerunde, für Sonntags- und Feiertagsessen empfehlen. Und weil diese Kleinigkeiten so überraschend anders sind, werden Sie als Gastgeber/in so manch dickes Lob einheimsen. Die Rezepte eignen sich übrigens bestens für einen Brunch oder für ein Buffet.

Wildentenbrust auf Rotkohl-Mango-Salat

FÜR 4 PORTIONEN

FÜR DAS FLEISCH
1 Wildentenbrust-
filet (ca. 300 g)
2 Pimentkörner
2 Korianderkörner
Salz, Pfeffer aus der
Mühle
1 EL Sonnen-
blumenöl
Außerdem: Alufolie

FÜR DEN SALAT
450 g Rotkohl
Salz, Pfeffer aus der
Mühle
2 Lauchzwiebeln
1 reife, schnittfeste
Mango
50 ml Orangensaft
3–4 EL Weißwein-
essig
½ EL Quitten- oder
Apfelgelee
2–3 EL Öl

Der Salat sorgt bei jeder Gelegenheit für Anerkennung – optisch wie geschmacklich. Er ist eine genussvolle Verbindung von vertrautem und exotischem Aroma.

■ Das Entenbrustfilet kurz kalt abbrausen und gut trocken tupfen. Mit einem scharfen Messer die Entenhaut rautenförmig einschneiden, dabei darauf achten, nicht ins Fleisch zu schneiden. Je enger das Muster ist, desto mehr Fett brät aus und umso knuspriger wird die Haut. Piment und Koriander mit etwas Salz und Pfeffer in einem Mörser fein zerdrücken. Entenbrust mit dem Gewürzmix rundum einreiben. Den Backofen auf 180 °C vorheizen.

■ Den Rotkohl in feine Streifen hobeln. In kochendem Salzwasser 1 Minute blanchieren. Abschrecken und abtropfen lassen. Lauchzwiebeln putzen, waschen, trocken schütteln und quer dritteln. Danach längs in Streifen schneiden.

■ Die Mango waschen, trocken reiben und aufrecht stellen. Das Fruchtfleisch samt Schale an beiden abgeflachten Seiten so nah wie möglich am Kern abschneiden. Das Fruchtfleisch der beiden Hälften mithilfe eines flachen Löffels dicht an der Schale herauslösen. Das Kernstück ebenfalls schälen und vom Kern abschneiden. Vom Mango-Fruchtfleisch etwa 200 g in dünne Streifen schneiden, den Rest anderweitig verwenden.

■ In einer ofenfesten Pfanne das Öl erhitzen. Entenbrust zuerst auf der Hautseite goldbraun und knusprig anbraten. Dann wenden und die Fleischseite kurz anbraten. In den vorgeheizten Ofen stellen und in etwa 6 bis 8 Minuten bis zu einer Kerntemperatur von 62 bis 64 °C fertiggaren. Fleisch in Alufolie wickeln und noch kurz ruhen lassen.

■ Inzwischen den Orangensaft mit 3 EL Essig, dem Gelee, 2 EL Öl, Salz und Pfeffer aufkochen und kurz einkochen. Mit Rotkohl, Lauchzwiebeln und Mango locker vermischen. Mit übrigem Essig, Öl, Salz und Pfeffer abschmecken. Die Entenbrust schräg in dünne Scheiben schneiden. Noch warm auf dem Rotkohl-Mango-Salat anrichten.

TIPPS

Nur eine reife Mango hat dieses unverwechselbare und intensive Aroma, schmeckt süß und herb zugleich. Je nach Sorte kann die Frucht leuchtend gelb, hellrot oder grün sein. Bei einer reifen Frucht fühlt sich die Haut leicht ledrig an und das Fruchtfleisch gibt bei behutsamem Fingerdruck leicht nach.

So schmeckt es auch: Anstelle der Mango etwa 200 g reifes, in Streifen geschnittenes Ananasfleisch verwenden.

Wintersalat mit Feldhasenfilet

FÜR 4 PORTIONEN

100 g Schalotten
4 EL Sonnen-
blumenöl
2 TL Zucker
100 ml kräftiger
Rotwein
1 EL gereifter Aceto
balsamico (Balsam-
essig)
Salz, Pfeffer aus der
Mühe
2 TL körniger Senf
2 EL Weißweinessig
2 EL Gemüsebrühe
50 g Haselnuss-
kerne
100 g beliebige
Wald- oder Zucht-
pilze
200 g Blattsalate
(z.B. Feldsalat,
Radicchio, Frisèe)
½ EL Butterschmalz
300 g parierte
Feldhasenfilets

■ Die Schalotten abziehen, längs in Streifen schneiden. In 1 EL Öl goldgelb andünsten. Mit Zucker bestreuen. Wein und Balsamico zugießen. Bei kleiner Hitze bissfest köcheln. Abkühlen und abtropfen lassen.

■ Für das Dressing Salz, Pfeffer, Senf, Weißweinessig und die Brühe verrühren. 2 bis 3 EL Öl unterschlagen. Haselnusskerne grob hacken. Pilze putzen, in Stücke teilen. Blattsalate waschen, trocken schütteln und eventuell kleiner zupfen.

■ In einer Pfanne das Butterschmalz erhitzen. Darin die Hasenfilets scharf anbraten. Pilze zufügen und beides bei mittlerer Hitze noch etwa 3 Minuten braten. Salzen und pfeffern. Hasenfilets und Pilze aus der Pfanne heben. Filets schräg in 1 bis 2 cm dicke Scheiben schneiden.

■ Blattsalate, Nüsse, Schalotten, Pilze und das Dressing locker vermengen. Wintersalat anrichten, die Filetscheiben darauf anrichten.

TIPP

Körniger Senf wird auch Rotisseur-Senf genannt. Er ist mittelscharf und ein Mix aus ganzen und grob gemahlenen Senfkörnern sowie Weißwein. Gerade bei Wild und Wildgeflügel sorgt er für ein intensives Geschmackserlebnis.

Sommerlicher Salat mit Rehmedaillon

FÜR 2 PORTIONEN

2 Rehrückenme-
daillons à 70–80 g
Salz, Pfeffer aus der
Mühle
2 Scheiben Früh-
stücksspeck
2 EL Sonnen-
blumenöl
100 g Himbeeren
100 g gemischte
Johannisbeeren
(rot, schwarz, weiß)
100 g grüne Blatt-
salate (z.B. Frisée,
Römersalat, Rucola)
3 EL Himbeeressig
1 TL Puderzucker
2 EL Maiskeimöl
2 EL Olivenöl
1 EL Mandel- oder
Walnusskerne
(nach Belieben)

Wie schön, dass es Rehfleisch auch im Sommer gibt. Das zarte Wildbret ergänzt sich mit den Beeren zu einem wunderbar leichten Genuss.

■ Den Backofen auf 180 °C vorheizen. Die Rehmedaillons von beiden Seiten salzen und pfeffern. Jeweils mit einer Speckscheibe umwickeln und fest andrücken.

■ In einer ofenfesten Pfanne das Sonnenblumenöl erhitzen. Die Medaillons darin von beiden Seiten kurz und kräftig anbraten. In den vorgeheizten Ofen (2. Schiene von unten) stellen und 13 bis 15 Minuten garen, bis sie eine Kerntemperatur von 55 °C erreichen.

■ Während das Fleisch gart, Himbeeren und Johannisbeeren verlesen. Johannisbeeren waschen, abtropfen lassen und mit einer Gabel von den Rispen zupfen. Blattsalate putzen, waschen, trocken schleudern und in mundgerechte Stücke zupfen.

■ Für das Dressing den Essig mit Puderzucker und Pfeffer kräftig verrühren. Maiskeim- und Olivenöl unterschlagen. Mandel- oder Walnusskerne grob hacken.

■ Die Medaillons aus dem Ofen nehmen, in Alufolie wickeln und 5 Minuten ruhen lassen. Inzwischen Blattsalate, Himbeeren, Johannisbeeren, Mandeln oder Nüsse behutsam mit dem Dressing mischen. Abschmecken und auf Tellern anrichten.

■ Die Speckscheiben von den Medaillons entfernen, das Fleisch in Scheiben schneiden und auf dem Salat verteilen. Sofort servieren. Dazu passt knuspriges Stangenbrot.

TIPPS

Der Speckmantel ist für die Rehmedaillons gleichzeitig Schutz und Würze. Damit das Fleisch zart und saftig bleibt, die umhüllten Medaillons nur kurz anbraten und in der gleichmäßigen Wärme des Backofens fertig garen.

Probieren Sie den Salat auch mal mit sonnengereiften Tomaten und Pfirsichen anstelle der Beeren. Auch außergewöhnlich und ebenso vorzüglich.

Salat mit Rehleber und süßsauren Aprikosen

TIPP

Den Salat nach Belieben noch mit knusprigen Zwiebelringen servieren. Dazu 1 kleine Zwiebel abziehen, quer in Scheiben schneiden, dann in Ringe teilen. Zwiebelringe mehlieren und in heißem Fett goldbraun und knusprig ausbacken.

FÜR 4 PORTIONEN

100 ml Weißwein
1 Gewürznelke
1 grüne Kardamomkapsel
1 Sternanis
200 g kleine, reife Aprikosen
1 Schalotte
½ EL Butter
2–3 TL Puderzucker
3 EL milder Weißweinessig
1 Handvoll Pflücksalat
Salz, Pfeffer aus der Mühle
2 EL Öl (z.B. Traubenkernöl)

■ Wein mit 100 ml Wasser und den Gewürzen 10 Minuten köcheln. Aprikosen waschen, halbieren und entsteinen. Schalotte abziehen, würfeln und in heißer Butter andünsten. Aprikosen zufügen, mit 2 TL Zucker bestreuen, karamellisieren.

■ Den Gewürzsud durch ein Sieb zu den Früchten gießen. Aprikosen bei kleiner Hitze bissfest garen. Mit etwas Essig und Zucker süßsauer abschmecken.

■ Pflücksalat waschen, trocken schleudern. Aus 2 EL Essig, 1 EL Aprikosensud, Salz, Pfeffer und Öl eine Marinade schaumig aufschlagen.

■ Die Leber pfeffern, mehlieren und im heißen Butterschmalz rundum goldbraun anbraten. Vom Herd nehmen und zugedeckt 5 Minuten warm stellen.

■ Pflücksalat in der Marinade wenden, abschmecken. Leber salzen, in Scheiben schneiden, mit Salatblättern und abgetropften Aprikosen anrichten.

300–400 g parierte Rehleber
1 EL Mehl
1 EL Butterschmalz

Kaninchenfilet auf Fenchel-Grapefruit-Salat

FÜR 4 PORTIONEN

300 g pariertes Wildkaninchenfilet
1 TL Fenchelsamen
Salz, Pfeffer aus der Mühle
600 g kleine Fenchelknollen
1 rosa Grapefruit
1 Handvoll Rucola
½ EL Butterschmalz
2 EL milder Weißweinessig
2–3 EL Olivenöl
1 Msp. Zucker

■ Das Filet trocken tupfen. Fenchelsamen fein zerstoßen, mit etwas Salz und Pfeffer mischen. Filet damit rundum einreiben.

■ Fenchel putzen, waschen und in dünne Scheiben hobeln. Grapefruit mitsamt der weißen Innenhaut schälen und filetieren, dabei den Saft auffangen, beiseite stellen. Rucola waschen und trocken tupfen. Fenchel, Grapefruit und Rucola in eine Schüssel geben.

■ Das Butterschmalz erhitzen, Kaninchenfilet darin unter Wenden 3 bis 4 Minuten braten. Herausheben, warmstellen. Bratensatz mit dem aufgefangenen Grapefruitsaft ablöschen. Pfanne vom Herd nehmen. Essig und Öl einrühren. Mit Zucker, Salz und Pfeffer abschmecken. Durch ein feines Sieb über die Salatzutaten gießen, unterheben. Salat abschmecken. Das Wildkaninchenfilet in dünne Scheiben schneiden und auf dem Salat anrichten.

TIPP

Fürs Filetieren der Grapefruit am besten ein Sieb über eine Schüssel legen. Darüber die Fruchtfilets zwischen den Trennhäutchen herausschneiden. Große Grapefruitfilets quer halbieren.

Fleischsalat vom Wild mit Gemüse und Linsen

FÜR 4 PORTIONEN

150 g kleine, braune Linsen
400 g gemischtes Gemüse (z.B. Möhren, Gurke, Staudensellerie)
1 Schalotte
300 g Reste von einem beliebigen Wildbraten
3–4 EL heller Essig (z.B. Wein- oder Apfelessig)

■ Die Linsen verlesen, in einem Sieb abbrausen und abtropfen lassen. Möhren putzen und würfeln. Schalotte abziehen, würfeln. Linsen in etwa 400 ml Wasser zugedeckt 15 bis 20 Minuten köcheln, bis sie weich sind, aber nicht zerfallen. Dabei in den letzten 5 Minuten Möhren und Schalotten mitgaren. In einem Sieb abtropfen lassen.

■ Wildbraten klein würfeln. Gurke und Stangensellerie putzen, in kleine Stücke schneiden. 3 EL Essig mit Brühe, Salz, Pfeffer und Öl aufschlagen. Die Marinade mit Wildfleisch, Gemüselinsen, Gurke und Stangensellerie locker vermischen. Den Salat zugedeckt 10 Minuten durchziehen lassen. Mit Salz, Pfeffer und übrigem Essig abschmecken.

5 EL Fleisch- oder Gemüsebrühe
Salz, Pfeffer aus der Mühle
4 EL Sonnenblumenöl

Fasanenbrustsalat Asia Style

FÜR 4 PORTIONEN

300–350 g Fasa-
nenbrustfilet (ohne
Haut)
Salz, Pfeffer aus der
Mühle
2 EL roher Lang-
korn-Reis
2 Schalotten
4 grüne Feigen
2 EL Sonnen-
blumenöl
½ kleine rote Papri-
kaschote
1 Stück Ingwer
(ca. 1 cm)
6–8 Stängel Korian-
dergrün
3–4 EL helle Soja-
soße
1–2 EL Limetten-
saft
1 Msp. Cayenne-
pfeffer
Außerdem: Alufolie

Dieser feine Salat ist pikant und herrlich leicht. Und er fasziniert mit einer Besonderheit, dem knusprigen Reisgrieß, der die Zutaten mit seinem unverwechselbaren Aroma ergänzt.

■ Den Backofen auf 180 °C (Ober- und Unterhitze) vorheizen. Das Fasanenbrustfilet trocken tupfen, salzen und pfeffern.

■ Die rohen Reiskörner in einer Pfanne ohne Fett unter gelegentlichem Rühren goldgelb rösten. Aus der Pfanne nehmen, abkühlen lassen und im Mixer oder Mörser zu feinem Reisgrieß zerkleinern.

■ Schalotten abziehen, längs halbieren und in Spalten schneiden. Feigen waschen und in Spalten schneiden.

■ In einer großen ofenfesten Pfanne das Öl erhitzen, Schalotten zufügen und 5 Minuten braten. Herausheben und beiseite stellen. Brustfilet in der Pfanne beidseitig anbraten. Die Feigen zum Fleisch geben. Pfanne mit Alufolie abdecken, in den vorgeheizten Ofen (1. Schiene von unten) stellen und die Fasanenbrust in 8 bis 10 Minuten fertig garen. Fleisch aus dem Ofen nehmen und in Alufolie 3 bis 4 Minuten ruhen lassen.

■ Während das Fleisch gart, die Paprikaschote waschen, putzen und möglichst klein würfeln. Ingwer schälen und ½ TL fein reiben. Koriandergrün waschen, trocken tupfen und die Blättchen abzupfen. Sojasoße mit 1 ½ EL Limettensaft und Cayennepfeffer verrühren.

■ Die noch warme Fasanenbrust in Streifen schneiden. Das Fleisch mit Reisgrieß, Ingwer, Paprikawürfeln, Schalotten, Feigen und Koriander vermischen. Den Salat mit dem flüssigen Gewürzmix sowie Salz und Pfeffer leicht säuerlich abschmecken und noch lauwarm servieren.

TIPP

Wenn Sie kein Fasanenbrust-filet bekommen, können Sie für den Salat auch Wildentenbrustfilet oder auch bereits gegartes Fleisch eines beliebigen Wildgeflügels verwenden.

Kräutersalat mit Hirschschinken

FÜR 4 PORTIONEN

100 g gemischte Wildkräuter (z.B. Sauerampfer, Löwenzahn, Gundermann, Spitzwegerich)
100 g gemischte Blattsalate (z.B. Radicchio, Lollo Bionda, Frisèe)
4 EL Weißweinessig
Salz, Pfeffer aus der Mühle
2 EL Ahornsirup
4–6 EL mildes Olivenöl
30 g Parmesan am Stück
80 g geräucherter Hirschschinken in dünnen Scheiben

■ Wildkräuter verlesen, waschen und trocken tupfen. Bei Bedarf kleiner zupfen. Blattsalate waschen, putzen, trocken schütteln und in mundgerechte Stücke zupfen. Den Parmesan in dünne Scheiben hobeln.

■ Für die Vinaigrette den Essig mit Salz, Pfeffer und Ahornsirup verrühren. Das Öl langsam unterschlagen. Die Vinaigrette abschmecken, mit Kräutern, Blattsalat und Parmesan vermischen. Den Kräutersalat bei Bedarf nachwürzen und zusammen mit dem Schinken anrichten.

TIPP
Anstelle von Hirschschinken schmeckt ebenso gut dünn geschnittene Hirschsalami oder Rehschinken.

Wildfleischsalat mit Knusperkapern

FÜR 4 PORTIONEN

400 g gegartes Wildfleisch (z.B. Bratenreste)
1 Schalotte
2 Cornichons (kleine Gewürzgurken)
1 EL in Salz eingelegte, kleine Kapern
2–3 EL Rotweinessig
Salz, Pfeffer aus der Mühle
3 EL Sonnenblumenöl
1 EL Kürbiskernöl
½ Bund Schnittlauch

■ Das Wildfleisch zuerst in Scheiben, dann in feine Streifen schneiden. Die Schalotte abziehen, halbieren und längs in feine Streifen schneiden. Cornichons sehr fein hacken. Alles vermengen. Kapern in einem Sieb abbrausen und abtropfen lassen.

■ Den Essig mit Salz, Pfeffer, Sonnenblumenöl und dem Kürbiskernöl verquirlen. Mit den Salatzutaten vermengen und 20 bis 30 Minuten durchziehen lassen.

■ Vor dem Servieren den Schnittlauch waschen, trocken schütteln und in feine Röllchen schneiden. In einer kleinen Pfanne 1 EL Öl erhitzen, die Kapern darin unter Rühren knusprig braten. Mit dem Schnittlauch unter den Salat heben.

TIPP

Die Kapern sorgen für eine sehr spezielle, pikante Würze. Für die Qualität gilt: Die Kleinsten sind die feinsten. Am besten schmecken Kapern, wenn sie in trockenem Meersalz oder Öl konserviert sind, nicht in Salzlake oder Essig.

Wildbrühe
(Grundrezept)

TIPPS

Wichtig ist, dass die Brühe nicht sprudelnd kocht, sondern nur sanft köchelt. So können sich die Aromen der verwendeten Zutaten am besten entwickeln.

Die Brühe kann portionsweise eingefroren werden und hält sich so vier bis sechs Monate.

FÜR ETWA 1,5 L

1,5–2 kg Wild-knochen (beim Wildmetzger vorbestellen und in kleine Stücke hacken lassen)
2 Möhren
1 kleine Stange Lauch
1 Stück Knollen-sellerie (ca. 250 g)
1 große Zwiebel
2 EL Öl
¼ l kräftiger Rot-wein
2 Lorbeerblätter
1 TL schwarze Pfefferkörner
1 TL Wacholder-beeren
1 TL Salz
3–4 Stängel Peter-silie
1–2 Zweige Thy-mian

Eine selbst gemachte Wildbrühe pur oder mit Einlage ist ein Ge-nuss. Gleichzeitig ist die Brühe auch die beste Basis für das Gelin-gen von Suppen, Eintöpfen und Soßen.

■ Den Backofen auf 200 °C vorheizen. Wildknochen auf einem tiefen Backblech im Ofen unter gelegentlichem Wenden in etwa 20 Minuten anrösten. Das Wurzelgemüse putzen, klein schnei-den. Öl in einem großen Topf erhitzen, das Gemüse darin bei Hit-ze anbraten. Mit Wein ablöschen.

■ Knochen vom Blech lösen, in den Topf füllen. 200 ml heißes Wasser ins Blech gießen, im Ofen den Bratensatz in etwa 5 Minu-ten loskochen. In den Topf umfüllen. 2,5 l Wasser zugießen. Ge-würze und Kräuter zufügen. Alles aufkochen und bei kleiner Hitze mit halb aufgelegtem Deckel in 1 ½ bis 2 Stunden auf etwa 1,5 l einköcheln lassen, währenddessen mehrmals abschäumen.

■ Die Wildbrühe durch ein mit einem feuchten Küchentuch aus-gelegtes Sieb gießen, damit auch kleine Knochensplitter zurück-gehalten werden und die Brühe klar wird.

Leberspätzlesuppe vom Reh

FÜR 4 PORTIONEN

130 g Rehleber
1 Schalotte
1 TL frische Thymi-
anblättchen
40 g weiche Butter
1 Ei (Größe M)
1 TL fein geriebene
Bio-Zitronenschale
1 Msp. Tomaten-
mark
40 g Semmelbrösel
Salz, Pfeffer aus der
Mühle
1 l Wildbrühe (Re-
zept Seite 38 oder
Wildfond aus dem
Glas)
4 Kirschtomaten
Kräuterblättchen
zum Bestreuen
Außerdem: Spätzle-
hobel

■ Die Rehleber von allen Häutchen befreien und klein schneiden. Schalotte abziehen, fein würfeln. Schalotte und Leber im Mixer fein zerkleinern.

■ Thymianblättchen möglichst fein hacken. Die Butter schaumig
rühren. Die Lebermasse und das Ei nacheinander unter die Butter
heben. Thymian, Zitronenschale, Tomatenmark und Semmelbrösel zufügen und daruntermischen. Die Lebermasse mit Salz und
Pfeffer würzen.

■ Selbst gemachte Brühe oder gekauften Fond in einem Topf
aufkochen lassen. Inzwischen die Tomaten waschen, trocken
tupfen und halbieren. Die Lebermasse durch den Spätzlehobel
in die heiße Brühe hobeln und darin in etwa 5 Minuten garziehen
lassen.

■ Die Suppe mit den Tomatenhälften in vorgewärmten Tellern
anrichten und mit Kräuterblättchen bestreut servieren.

TIPP

Für den Vorrat
die Lebermasse
gleich in doppelter
oder dreifacher
Menge zuberei-
ten. Den Rest in
leicht kochendes
Salzwasser hobeln,
garziehen und
anschließend gut
abtropfen lassen.
Rehleberspätzle
portionsweise
einfrieren.

Gulaschsuppe vom Hirsch

FÜR 4–6
PORTIONEN

500 g Hirsch-
gulasch
20 g getrocknete
Steinpilze
2 Zwiebeln
1 Knoblauchzehe
100 g Petersilien-
wurzel
2 EL Butterschmalz
1 EL edelsüßes
Paprikapulver
1 EL Tomatenmark
Salz, Pfeffer aus der
Mühle
4 Korianderkörner
ca. 1 ¼ l Fleisch-
brühe
300 g kleine Cham-
pignons
2–3 EL Zitronensaft
½ TL fein geriebe-
ne Bio-Zitronen-
schale
2 EL Butter
2 EL Schnittlauch-
röllchen

Essensdüfte und Aromen der Kindheit bleiben uns ein Leben lang in bester Erinnerung. Deshalb sind die Klassiker aus Großmutters Küche auch heute nicht von gestern. Genießen Sie die Nostalgie-Suppe – vor allem auch in dieser Variante mit Wildbret.

■ Fleisch falls nötig von Sehnen und Häutchen befreien. Abbrausen, trocken tupfen und feinblättrig schneiden. Getrocknete Steinpilze in ⅛ l heißem Wasser einweichen. Zwiebel und Knoblauch abziehen, beides klein würfeln. Petersilienwurzel waschen, putzen, klein würfeln.

■ Butterschmalz in einem Suppentopf erhitzen. Zwiebel und Knoblauch darin hellgelb andünsten, von der Kochstelle nehmen, Paprikapulver untermischen.

■ Fleisch und Petersilienwurzel zugeben und kräftig anbraten. Tomatenmark unterrühren. Mit Salz und Pfeffer würzen. Koriander fein zerstoßen, zufügen. 1 l Brühe zugießen.

■ Steinpilze in ein Sieb schütten, Einweichwasser dabei auffangen. Pilze abbrausen, grob hacken und samt Einweichwasser in die Suppe geben. Falls nötig, noch Brühe zugießen. Zugedeckt etwa 60 Minuten sanft köcheln lassen, bis das Fleisch gar und zart ist.

■ Champignons putzen, in Scheiben schneiden und in 1 bis 2 EL Zitronensaft wenden. Butter in einer Pfanne erhitzen, die Pilze portionsweise darin anbraten. Mit Salz, Pfeffer und etwas Zitronensaft abschmecken. Zur Suppe geben und noch 15 Minuten darin ziehen lassen. Suppe mit Salz, Pfeffer und Zitronenschale abschmecken. Mit Schnittlauchröllchen bestreut servieren.

TIPP

Wenn gerade Pilzzeit ist, können Sie die frischen Champignons natürlich auch durch frische Waldpilze ersetzen. Entweder sie nehmen dafür eine Sorte oder mischen mehrere.

Kürbissuppe mit Wildkaninchenspieß

FÜR 4 PORTIONEN

FÜR DIE SPIESSE
300 g Wildkanin-
chenfilet
1 EL Olivenöl
2 EL Zitronensaft
Salz, Pfeffer aus der
Mühle
Außerdem:
4 Metallspieße

FÜR DIE SUPPE
500 g Hokkaido-
Kürbis
2 Schalotten
1 kleine Knob-
lauchzehe
150 g mehlig ko-
chende Kartoffeln
2 EL Butter
400–500 ml
Fleischbrühe
Salz, Pfeffer aus der
Mühle
50 g Schlagsahne
1–2 EL Aceto bal-
samico
etwas Cayenne-
pfeffer
1 EL Kürbiskerne
Kräuterblättchen
zum Garnieren
1 EL Mehl
1 EL Butterschmalz

Hokkaido ist inzwischen der Liebling der Kürbisfans, weil er geschmacklich einer der besten ist. Aber auch, weil man den handlichen Kürbis unkompliziert vorbereiten kann, denn er muss nicht geschält werden.

■ Für die Spieße das parierte Fleisch würfeln. Mit Öl, Zitronensaft, Salz und Pfeffer vermischen. Zugedeckt 1 Stunde ziehen lassen.

■ Für die Suppe den Kürbis waschen, in Spalten schneiden. Kerne und faserige Teile entfernen. Kürbisfleisch klein schneiden. Schalotten und Knoblauch abziehen, fein würfeln. Kartoffeln schälen und würfeln.

■ Butter erhitzen, Schalotten und Kürbis darin andünsten. Kartoffeln zufügen. Mit Brühe knapp bedecken. Salzen und pfeffern. Aufkochen und zugedeckt 30 Minuten köcheln lassen.

■ Suppe fein pürieren, die Sahne unterrühren. Aufkochen und mit Salz, Essig und Cayennepfeffer abschmecken. Fleischwürfel auf Spieße stecken. In einer Pfanne 3 bis 4 Minuten rundum braten. Die Suppe anrichten, mit Kürbiskernen und Kräuterblättchen bestreuen und mit je einem Filetspieß servieren.

TIPP

Anstelle von Wildkaninchen können Sie für die Spieße auch Filet von Feldhase, Reh, Hirsch oder Brustfilet von beliebigem Wildgeflügel verwenden.

Waldpilzessenz

TIPPS

In der Waldpilz-Essenz schmecken auch die Reh-nocken (Rezept Seite 44) vorzüg-lich.

In den Monaten, in denen es keine frischen Waldpilze gibt, können Sie die Essenz auch mit frischen Kultur-pilzen zubereiten. Gut eignen sich dafür weiße Champignons mit ihrem feinen Geschmack.

Aperitifsuppen, wie diese hier, werden die raffinierten Köstlichkeiten genannt, die originell in kleinen Gläsern oder Tassen serviert werden. In der Genießerszene sind sie sehr beliebt, zum Auftakt eines Menüs, für Stehpartys oder für den kleinen Appetit zwischendurch.

FÜR 8 PORTIONEN

1 EL getrocknete Steinpilze
6 Stängel Petersilie
6 Pimentkörner
2 Lorbeerblätter
1,2 l Wildbrühe (Rezept Seite 38 oder Wildfond aus dem Glas)
500 g frische gemischte Waldpilze
150 g Rinderhackfleisch (zum Klären)
3 EL halbtrockener Sherry (z.B. Amontillado)
Salz, weißer Pfeffer aus der Mühle
1 TL Zitronensaft
8 kleine Petersilienblätter zum Garnieren

■ Die getrockneten Steinpilze fein hacken. Die Petersilie waschen, grob in Stücke schneiden. Pimentkörner mit der Breitseite des Messers zerdrücken. Alles mit den Lorbeerblättern in einen Suppentopf geben. Mit der Brühe aufgießen, aufkochen und zugedeckt 20 Minuten sanft köcheln lassen.

■ Inzwischen die Waldpilze putzen, 3 bis 4 schöne Exemplare zum Garnieren beiseite legen. Die restlichen Pilze vierteln und schon dunkle Lamellen entfernen. Anschließend die Pilze hacken. In die Brühe geben und zugedeckt bei kleinster Hitze etwa 1½ Stunden ziehen, aber nicht kochen lassen.

■ Das Hackfleisch in die Pilzessenz rühren. Langsam aufkochen und 5 Minuten sanft köcheln lassen, damit sich die Essenz klärt. Dann durch ein mit einem sauberen Küchentuch ausgelegtes Sieb in einen anderen Topf gießen. Die Masse im Tuch sehr gut abtropfen lassen, und auf keinen Fall ausdrücken. Die Waldpilz-Essenz noch mal erhitzen, mit Sherry, Salz und Pfeffer abschmecken.

■ Beiseite gelegte Pilze in dünne Scheiben schneiden und mit Zitronensaft bepinseln. Essenz in kleine Gläser oder Tassen füllen, Pilzscheiben und Petersilienblatt obenauf legen. Die Waldpilzessenz heiß servieren.

Wirsingsuppe mit Wildschweinfilet

FÜR 4 PORTIONEN

500 g Wirsing
300 g Möhren
1 Bund Lauchzwiebeln
2 EL Butter
1 EL Öl
1 l Wildbrühe (Rezept Seite 38 oder Wildfond aus dem Glas)
2 EL Dijon-Senf
Salz, Pfeffer aus der Mühle
2 Stück Sternanis
300 g Wildschweinfilet

■ Wirsing, Möhren und Lauchzwiebeln waschen, putzen. Wirsingblätter in kurze Streifen schneiden. Möhren längs halbieren, schräg in 5 mm breite Stücke, Lauchzwiebeln in dünne Ringe schneiden.

■ Butter und Öl erhitzen, die Möhren und Lauchzwiebeln darin 3 Minuten andünsten. Wirsing zufügen, kurz mitdünsten. Brühe zugießen. Mit 1 ½ EL Senf, Salz, Pfeffer und Sternanis würzen. Zugedeckt 20 Minuten köcheln lassen.

■ Wildschweinefilet abbrausen, in dünne Scheiben schneiden. Birne waschen, vierteln und entkernen. Birnenviertel quer in Scheiben schneiden und in Zitronensaft wenden.

■ Die Birnenscheiben abtropfen lassen. Mit Fleisch und Petersilie zur Suppe geben. Zugedeckt bei kleinster Hitze etwa 10 Minuten ziehen, aber nicht kochen lassen, bis das Filet gerade gar ist. Suppe mit Salz, Pfeffer und übrigem Senf abschmecken.

1 nicht zu weiche Birne
2 EL Zitronensaft
3 EL Petersilienblättchen

TIPP

Anstelle von Wirsing können Sie auch andere Kohlsorten verwenden, zum Beispiel Weißkohl oder Grünkohl.

Wildbrühe mit Rehnocken

FÜR 4 PORTIONEN

200 g pariertes Rehfleisch (z.B. aus der Schulter)
Salz, Pfeffer aus der Mühle
1 l Wildbrühe (Rezept Seite 38)
2–3 Stängel Petersilie
1 Ei (Größe M)
50 g kalte Schlagsahne
3 EL Semmelbrösel
1 TL mittelscharfer Senf
¼ TL gemahlener Piment
1 Zweig Thymian

■ Das Fleisch würfeln, salzen, pfeffern und für 30 Minuten ins Gefrierfach stellen.

■ Von der Brühe ¾ l erhitzen, bei kleiner Hitze köcheln. Petersilie waschen, trocken schütteln, einige Blättchen beiseite legen, den Rest sehr fein hacken.

■ Das kalte Fleisch mit dem Blitzhacker fein zerkleinern. Gehackte Petersilie, Ei, Sahne, Semmelbrösel, Senf und Piment zum Fleisch geben und verkneten. Salzen und pfeffern.

■ In einem breiten Topf ca. ¼ l Wildbrühe mit dem Thymianzweig erhitzen. Aus dem Fleischteig mit 2 angefeuchteten Teelöffeln kleine Nocken formen. In die Brühe bei kleiner Hitze in 8 bis 10 Minuten gar ziehen lassen.

■ Nocken in Teller verteilen. Nockenbrühe durch ein feines, ausgelegtes Sieb zur übrigen Brühe gießen. Wildbrühe in die Teller füllen, mit Petersilienblättern bestreut servieren.

TIPP

Anstelle der Rehnocken Filetscheiben in der Brühe servieren. Dafür 200 g Rehrückenfilet bei mittlerer Hitze in Olivenöl 4 Minuten braten, dann in Alufolie gewickelt 5 Minuten ruhen lassen. Filet in Scheiben schneiden und in der heißen Suppe servieren. Mit Kräutern bestreuen.

Süßkartoffelcreme mit Bratwurstcrackern

FÜR 8 PORTIONEN

500 g Süßkartof-
feln (ersatzweise
mehlig kochende
Kartoffeln)
3 Schalotten
2 EL Butter
½ l Fleisch- oder
Hühnerbrühe
Salz, Pfeffer aus der
Mühle
50 g Schlagsahne
abgeriebene Bio-
Limettenschle
1 EL Limettensaft
Cayennepfeffer
2 EL Sonnen-
blumenöl

Die Menge der Aperitifsuppe ist für acht Miniportionen berech-
net. Für vier Personen können Sie die Süßkartoffelcreme auch in
Suppenteller füllen und dann jeweils zwei Cracker dazu reichen.

■ Die Kartoffeln schälen, waschen und klein würfeln. Schalotten
abziehen, fein würfeln. Butter in einem Suppentopf zerlassen. Schalotten darin glasig dünsten, Kartoffeln zufügen und 1 Minute mitdünsten. Die Brühe angießen, mit Salz und Pfeffer würzen. Aufkochen und zugedeckt 30 Minuten köcheln lassen. Alles fein pürieren.

■ Sahne in die Suppe rühren, aufkochen und 2 Minuten köcheln
lassen. Mit Limettenschale, Limettensaft, Salz und Cayennepfeffer
abschmecken.

■ Öl in einer beschichteten Pfanne erhitzen. Die Bratwürste häuten und das Brät im Öl krümelig braun braten. Auf Cracker verteilen und mit Basilikum garnieren. Suppe in kleine Gläser oder
Tassen füllen, jeweils mit etwas Selleriewürfeln bestreuen und
mit den Bratwurstcrackern garniert servieren.

ca. 150 g Wildbrat-
wurst (Hirsch, Reh
oder Wildschwein)
8 eckige Cracker
kleine Basilikum-
blätter zum
Garnieren
1 EL winzig klein
gewürfelter Stau-
densellerie

Schalotten im Knusperteig

2–3 Schalotten
60 g Kichererbsen-
oder Weizenmehl
1 Msp. Backpulver
1 Prise Salz
1 Msp. Chilipulver
80 ml eiskaltes
Wasser
Pflanzenöl zum
Ausbacken

■ Die Schalotten abziehen und quer in 2 bis 3 mm dicke Ringe
schneiden. Für den Teig Mehl mit Backpulver, Salz und Chilipulver
in einer Schüssel vermischen. Das Wasser zugießen und nur kurz
verrühren. Den Teig nicht glatt rühren und sofort verwenden.

■ Das Öl im einem topf erhitzen. Die Schalotten portionsweise
zuerst durch den Teig ziehen, dann im Öl goldgelb ausbacken.
Auf Küchenpapier abtropfen lassen. Zum Beispiel zur Selleriesuppe mit Kaffee und Fasanenbrust (Rezept Seite 48) servieren.

TIPP

Auf diese Weise
können Sie auch
Möhren- und
Zucchinischeiben,
dünne Streifen
von Paprikaschote,
Lauchzwiebeln und
Kräuterblätter aus-
backen. Alles eignet
sich gut als Deko-
ration von Suppen
und Salaten.

Wildfleischwürfel in Meerrettichrahmsuppe

TIPP

Das ist Resteküche
für Verwöhnte.
Für diese würzig
cremige Suppe
können Sie beliebi-
ges, gegartes Wild
verwenden. Das
Fleisch sollte aller-
dings mager sein.

FÜR 4 PORTIONEN

300 g gegartes
Wildfleisch
2 Scheiben Toast-
brot ohne Rinde
80 g Butter
2 EL Mehl
½ l Wildbrühe (Re-
zept Seite 38 oder
Wildfond aus dem
Glas)
500 g Schlagsahne
3 EL frisch gerie-
bener Meerrettich
oder 4 EL scharfer
Meerrettich aus
dem Glas
Salz
1 EL Schnittlauch-
röllchen

■ Das Wildfleisch in kleine Würfel schneiden. Das Brot würfeln.
1 EL Butter in einer Pfanne erhitzen und die Brotwürfel darin
goldgelb rösten.

■ In einem Topf 50 g Butter aufschäumen. Das Mehl gründlich
unterrühren und etwa 5 Minuten anschwitzen, ohne Farbe annehmen zu lassen. Die kalte Wildbrühe unter ständigem Rühren
angießen, dabei das Mehl glatt rühren. Die Sahne zufügen. Die
Suppe unter gelegentlichem Rühren 5 Minuten köcheln lassen.

■ Suppe mit Meerrettich würzen. Noch kurz aufmixen und eventuell noch durch ein Sieb passieren. Rahmsuppe nochmals erhitzen, mit Salz abschmecken.

■ Fleischwürfel in vorgewärmte Teller verteilen. Suppe darüber geben. Mit Brotwürfeln, Schnittlauchröllchen und eventuell
Meerrettich garniert servieren.

Selleriesuppe mit Kaffee und Fasanenbrust

FÜR 4 PORTIONEN

1 Schalotte
300 g Knollensel-
lerie
1 EL Butter
Salz, Pfeffer aus der
Mühle
1 Msp. Zucker
1 Schuss Weißwein
800 ml Gemüse-
brühe
50 g Weißbrot vom
Vortag ohne Rinde
1 EL Kaffeebohnen
200 g Schlagsahne
ca. 200 g pariertes
Fasanenbrustfilet
2 Scheiben Lardo
(weißer Speck)
1 EL Öl
1 Zweig Rosmarin
1 TL Ahornsirup
oder flüssiger
Honig
Außerdem: Alufolie

■ Für die Suppe die Schalotte abziehen und würfeln. Sellerie-knolle schälen, waschen und würfeln. Butter erhitzen, Schalotte und Sellerie darin andünsten, ohne braun werden zu lassen. Mit Salz, Pfeffer und Zucker würzen. Mit Wein ablöschen und einko-chen lassen.

■ Brühe angießen, Weißbrot zugeben. Kaffeebohnen in einen Teefilter füllen, Filter verschließen und zur Suppe geben. Alles zu-gedeckt 30 Minuten köcheln lassen.

■ Backofen auf 180 °C vorheizen. Teefilter aus der Suppe entfer-nen. Sahne in die Suppe rühren, noch 5 Minuten köcheln lassen. Danach sehr fein pürieren. Nach Belieben noch durch ein feines Sieb gießen, Selleriesuppe mit Salz und Pfeffer abschmecken.

■ Das Fasanenbrustfilet leicht salzen und pfeffern. Das Fleisch mit den Speckscheiben umwickeln. Öl in einer ofenfeste Pfanne erhitzen, das Brustfilet darin bei mittlerer Hitze rundum anbraten. Rosmarin und Sirup oder Honig zufügen. Fleisch im vorgeheiz-ten Backofen zugedeckt in 5 Minuten fertig garen. Aus dem Ofen nehmen und noch kurz ruhen lassen. In Scheiben schneiden.

■ Selleriesuppe nochmals aufkochen und schaumig aufmixen. In vorgewärmte Teller oder Tassen füllen. Mit Fasanenbrustschei-ben und nach Belieben noch mit Schalotten im Knusperteig (Re-zept Seite 46) anrichten. Sofort servieren.

TIPP

Lardo wird aus dem besonders dicken Rücken-speck italienischer Landschweine hergestellt. Die Spezialität ist schneeweiß oder leicht rosa durch-zogen. Es gibt ihn pur oder mit einer Gewürzmischung verfeinert.

Gamssuppe mit gebackenen Leberknödeln

Hubert Billiani

FÜR DIE
WILDBRÜHE
400 g Gamsfleisch
(Rippen und Unter-
schenkel)
2 Zwiebeln
400 g Wurzelgemü-
se (Möhren, Lauch,
Knollensellerie,
Petersilienwurzel)
2 Lorbeerblätter
6 Wacholderbeeren
Salz, Pfeffer

FÜR DIE
LEBERKNÖDEL
4 Brötchen vom
Vortag
ca. ¼ l warme Milch
150–200 g parierte
Gamsleber
1 kleine Zwiebel
1 EL fein gehackte
Petersilie
½–1 TL Majoran
1 EL Butter
1–2 Eier
Salz, Pfeffer aus der
Mühle
etwas geriebene
Bio-Zitronenschale
Öl zum Ausbacken

■ Für die Brühe das Fleisch waschen. Zwiebeln mit Schale hal-bieren. Wurzelgemüse putzen und würfeln. Vorbereitete Zutaten mit Gewürzen, 2 TL Salz und 2 l Wasser in einen Suppentopf ge-ben. Aufkochen, die Hitze reduzieren und das Fleisch zugedeckt 2 Stunden köcheln lassen. Dabei den sich bildenden Schaum ge-legentlich abschöpfen.

■ Fleisch aus der Brühe heben, von den Knochen lösen, in Wür-fel schneiden und zugedeckt kalt stellen. Brühe durch ein Sieb gießen, abschmecken, kalt werden lassen und die Fettschicht ab-heben.

■ Für die Knödel die Brötchen in dünne Scheiben schneiden, mit Milch begießen und weich werden lassen. Die Leber pürieren. Zwiebel abziehen und klein würfeln, mit Petersilie und Majoran in heißer Butter andünsten. Pfanneninhalt und Leber zu den Bröt-chen geben. Die Eier untermischen. Lebermasse gut verkneten, mit Salz, Pfeffer und Zitronenschale würzen. Reichlich Öl erhitzen. Aus der Masse Knödel formen und im Fett schwimmend in 15 bis 20 Minuten ausbacken.

■ Zum Servieren die Brühe aufkochen. Fleischwürfel und Leber-knödel in der nicht mehr kochenden Brühe etwas durchziehen lassen.

TIPPS

Die Masse für die Knödel muss formbar sein. Ist sie zu weich, noch Semmelbrösel hinzufügen.

Wildbrühe und Leberknödel lassen sich gut einfrieren. Deshalb gleich von beidem eine größere Menge zubereiten, um einen Vorrat zu haben, wenn's mit dem Kochen mal schnell gehen muss.

Hubert Billiani ist Berufsjäger der Luxemburgischen Vermögensverwal-tung

Wildburger mit Wachtelei

TIPP

Es lohnt sich, für den Vorrat gleich eine größere Menge Wildburger zuzubereiten. Diese einzeln in Gefrierbeutel verpacken und einfrieren. Wildburger schmecken auch gut zu Kartoffel- oder Gemüsesalat.

FÜR 2 PORTIONEN

200 g Hackfleisch von Reh oder Hirsch
2 EL Olivenöl
50 g Möhre
Salz, Pfeffer aus der Mühle
4 Scheiben Rohschinken (z.B. vom Wild)
3 Stängel Basilikum
100 g Joghurt-Mayonnaise
1 zarte Stange Staudensellerie
2–3 Tropfen Zitronensaft
Butter zum Braten

4 Wachteleier
4 Buttermilchbrötchen
1 Handvoll gewaschene Salatblätter

■ Hackfleisch mit 1 EL Öl, vermischen. Möhre schälen, fein raspeln und untermischen. Hackmasse mit Salz und Pfeffer würzen, daraus 4 Burger formen. Schinken längs zusammenfalten. Burger damit umwickeln.

■ Basilikumblätter abzupfen, mit der Mayonnaise pürieren. Sellerie putzen, waschen und möglichst klein würfeln. Unter die Mayonnaise mischen. Mit Salz, Pfeffer und Zitronensaft abschmecken.

■ In einer Pfanne 1 EL Öl erhitzen. Wildburger darin von jeder Seite 3 bis 4 Minuten braten. Warmhalten. Etwas Butter in einer beschichteten Pfanne erhitzen. Die Wachteleier behutsam aufschlagen und in der Butter etwa 2 bis 3 Minute braten.

■ Brötchen halbieren. Die unteren Hälften mit Mayonnaise bestreichen. Darauf Salat, Burger und Wachteleier verteilen. Obere Brothälften obenauf legen. Übrige Mayonnaise dazu servieren.

Crème brûlée von der Wildentenleber

FÜR 6 PORTIONEN

300 g Wildenten-
leber
40 g Butter
3 EL Sherry
100 g Schlagsahne
50 ml Milch
3 Eigelbe
Salz, weiße Pfeffer
aus der Mühle
2 EL feiner Rohr-
zucker
Außerdem: 6 ofen-
feste Förmchen mit
Ø 8 cm und 150 ml
Inhalt (oder kleine
ofenfeste Tassen)

■ Den Backofen auf 120 °C vorheizen. Von den Lebern Häutchen und Fett entfernen. Die Butter aufschäumen und die Lebern darin unter Wenden 4 Minuten anbraten.

■ Mit Sherry ablöschen. Sahne zugießen, ganz kurz aufkochen. Sofort alles fein pürieren, danach durch ein Sieb streichen. Nacheinander die Eigelbe unterrühren und mit Salz und Pfeffer würzen.

■ Die Crème in die Förmchen verteilen, auf ein tiefes Backblech stellen und in den Ofen schieben. So viel heißes Wasser auf das Blech gießen, dass die Förmchen zu zwei Dritteln im Wasser stehen. Die Lebercreme 15 bis 20 Minuten garen. Aus dem Ofen nehmen, abkühlen und im Kühlschrank gut durchkühlen lassen.

■ Vor dem Servieren die Lebercreme mit Zucker bestreuen und mit einem Flambierbrenner karamellisieren. Nach Belieben mit einem Friséesalat mit Vinaigrette auf einem Teller anrichten.

TIPPS

Zum Flambieren die Flamme einige Minuten auf den Zucker halten bis er goldbraun ist.

Ohne Flambier-
brenner kann die Crème auch unter dem Grill gebräunt werden. Darauf achten, dass sie nicht warm und dadurch weich wird.

Feldhasenfilet auf Maronenpilzen

FÜR 2 PORTIONEN

150–180 g parierte
Feldhasenfilets
100 g grüne Blatt-
salate (z.B. Endi-
vie, Lollo bionda,
Römersalat)
2 TL Hasel- oder
Walnussöl
1 Schalotte
250 g Maronen-
pilze
1 EL Butterschmalz
1 EL rosa Pfeffer-
körner

■ Die Filets trocken tupfen. Blattsalate waschen, putzen, trocken schütteln und in Stücke zupfen. Mit dem Nussöl vermischen. Die Schalotte schälen, klein würfeln. Pilze putzen, in dicke Scheiben schneiden.

■ In einer großen Pfanne ½ EL Butterschmalz erhitzen. Pilze und Schalotte darin unter Rühren 5 bis 6 Minuten braten. Pfefferkörner grob zerdrückt zugeben und mit Salz abschmecken.

■ Übriges Butterschmalz in einer zweiten Pfanne erhitzen. Die Filets darin rundum 4 bis 5 Minuten braten. Salzen, pfeffern, in Alufolie wickeln und warm stellen.

■ Blattsalate auf Tellern anrichten. Maronenpilze noch lauwarm darauf verteilen, mit ein wenig Crema di Balsamico beträufeln. Die Filets schräg in Scheiben schneiden, auf den Pilzen anrichten und sofort servieren.

Salz, Pfeffer aus der Mühle
1 EL Crema di Bal-
samico

TIPP

Die würzigen Maronenpilze sind auch unter den Namen Maronen-
Röhrlinge oder Braunkappen bekannt.

Zucchiniblüten mit Rehfleischfüllung

FÜR 4 PORTIONEN

400 g Rehrücken-
filet
150 g Schlagsahne
12 große Zucchini-
blüten mit Frucht-
ansatz (beim
Gemüsehändler
vorbestellen)
3 EL frische ge-
mischte Kräuter-
blätter
1 Ei
Salz, weißer Pfeffer
aus der Mühle
4 EL Olivenöl
3 EL flüssige Butter
200 ml Gemüse-
brühe
1 Msp. mittelschar-
fer Senf
1 EL milder Weiß-
weinessig
1 Handvoll Spinat-
salat
einige Streifen von
roten Zwiebeln
(nach Belieben)
1 EL geröstete
Pinienkerne (nach
Belieben)
Außerdem: Spritz-
beutel mit großer
Tülle

Wenn Sie Ihren Gästen als Vorspeise etwas Besonderes auftischen wollen: Diese edel gefüllten Zucchiniblüten sind immer
eine gute Wahl.

■ Vom Rehrückenfilet 300 g abschneiden. Klein würfeln und mit
der Sahne in eine Schüssel füllen. Für etwa 30 Minuten in den
Gefrierschrank stellen. Restliches Filet in kleine Würfel schneiden.

■ Inzwischen die Zucchiniblüten behutsam waschen und trocken tupfen. Die Blütenkelche vorsichtig öffnen und die Blüten-
stempel mit den Staubgefäßen abknipsen, ohne die Blüten zu
verletzen. Den Backofen auf 180 bis 200 °C vorheizen.

■ Kräuter fein hacken. Angefrorenes Filet mit Sahne portionsweise fein pürieren. Filetwürfel, 2 EL Kräuter und das Ei unter die
Fleischmasse rühren. Kräftig mit Salz und Pfeffer abschmecken.

■ Das Backblech mit 2 EL Öl einfetten. Die Füllung in einen
Spritzbeutel mit großer Tülle geben und in die Blüten spritzen
(oder mit einem Teelöffel in die Zucchiniblüten füllen). Die Blüten durch Zusammendrehen der Spitzen wieder verschließen.
Nebeneinander auf das Backblech legen. Mit flüssiger Butter
beträufeln. Brühe auf das Blech gießen. Zucchiniblüten im Ofen
(Mitte) 15 bis 20 Minuten garen.

■ Aus 2 EL Öl, Senf, Salz, Pfeffer und Essig eine Marinade rühren.
Spinatblätter verlesen, waschen und trocken schleudern. Spinatblätter auf einer Platte verteilen. Die gefüllten Zucchiniblüten darauf legen. Alles mit der Marinade beträufeln. Nach Belieben mit
Zwiebelstreifen und Pinienkernen bestreuen.

TIPP

Zucchiniblüten
mit Fruchtansatz
sollten Sie sicher-
heitshalber beim
Gemüsehändler
vorbestellen. Da
die Blüten sehr
empfindlich
sind und schnell
welken, sollten
sie so rasch wie
möglich – also in-
nerhalb von 1 bis
2 Tagen – zuberei-
tet werden.

Schnitzelbrot mit karamellisierten Zwiebeln

FÜR 4 PORTIONEN

200 g rote Zwiebeln
2 EL Butterschmalz
1 TL Zucker
1 TL Thymianblättchen
Salz, Pfeffer aus der Mühle
100 ml Rotwein oder Gemüsebrühe
4–8 Salatblätter
1 EL weiche Butter
2 TL körniger Senf
4 Schnitzel à 80 g von Reh, Hirsch oder Wildschwein

■ Zwiebel abziehen, halbieren und in dünne Streifen schneiden. 1 EL Butterschmalz erhitzen, Zwiebeln darin anbraten. Mit Zucker bestreuen und unter gelegentlichem Rühren 1 Minute karamellisieren. Mit ½ TL Thymian, Salz und Pfeffer würzen. Wein oder Brühe angießen. Die Zwiebeln so lange schmoren, bis die Flüssigkeit fast vollständig eingekocht ist.

■ Salatblätter waschen und trocken tupfen. Butter und Senf verrühren. Schnitzel trocken tupfen und zwischen zwei Stücken geölter Frischhaltefolie flach klopfen. Schnitzel im restlichen Butterschmalz bei mittlerer Hitze auf jeder Seite etwa 2 Minuten braten. Salzen und pfeffern.

■ Brote mit Senfbutter bestreichen und mit Salatblättern belegen. Zwiebelstreifen – bis auf 2 EL – darauf verteilen. Schnitzel auf die Brote legen, mit restlichen Zwiebeln und übrigem Thymian bestreuen.

Öl für die Folie
4 Scheiben Holzofen- oder Graubrot
Außerdem: Frischhaltefolie

TIPP

Das Schnitzelbrot ist auch ein feiner Snack zum draußen essen – im heimischen Garten oder auf Balkon oder Terrasse.

Strammer Max de Luxe

FÜR 4 PORTIONEN

8 Scheiben Baguette oder Ciabatta (schräg geschnitten, ca. 1 cm dick)
2 EL Olivenöl
8 Stängel Kerbel oder Koriandergrün
1 Tomate
1 EL Butter
8 frische Wachteleier
8–16 Scheiben Wildschinken (z. B. von Reh oder Hirsch)

■ Den Backofen auf 200 °C vorheizen. Die Brotscheiben auf den Backofenrost über ein Backblech legen. Brote mit Olivenöl beträufeln und im Ofen (Mitte) in etwa 7 Minuten goldbraun rösten.

■ Inzwischen die Kräuter waschen und trocken tupfen. Die Tomate waschen und quer in Scheiben schneiden. Butter in einer großen beschichteten Pfanne schmelzen lassen, vom Herd nehmen. Die Wachteleier einzeln vorsichtig aufschlagen und in die Pfanne geben. Auf den Herd stellen und bei mittlerer Hitze in 2 bis 3 Minuten Spiegeleier braten.

■ Die warmen Röstbrote mit Tomate, Wildschinken und Wachteleiern belegen. Eier mit einem Hauch Pfeffer übermahlen und nur das Eiweiß mit etwas Trüffelsalz würzen. Mit Kräuterblättchen garnieren und sofort servieren.

schwarzer Pfeffer aus der Mühle
Trüffelsalz

TIPP

Für den perfekten Genuss ist es wichtig, dass die Wachteleier frisch sind. Älter als 5 bis 8 Tage sollten sie für dieses Rezept nicht sein.

Wildschinken mit Balsamicoradicchio

TIPP

Als Variante kön-
nen Sie das Rezept
ohne Eier, dafür mit
Parmesan zube-
reiten. Den Käse in
möglichst dünnen
Spänen über das
fertige Gericht
hobeln.

FÜR 4 PORTIONEN

8 kleine längliche
Radicchioköpfe
(Radicchio de
Treviso)
5–6 EL Olivenöl
1 Prise Salz
1 Prise Zucker
3 EL gereifter Aceto
balsamico
4 Eier
150–200 g Schin-
ken von Reh oder
Hirsch in dünnen
Scheiben
schwarzer Pfeffer
aus der Mühle

■ Den Backofen auf 180 °C vorheizen. Radicchio putzen, waschen und längs halbieren.

■ In einem Bräter oder in einer großen ofenfesten Pfanne 2 EL Öl
erhitzen. Die Radicchiohälften jeweils mit der Schnittfläche nach
unten und nebeneinander hineinlegen. Mit einem Bratenwender
leicht andrücken.

■ Mit Salz und Zucker bestreuen und mit dem Essig ablöschen.
Bräter oder Pfanne sofort in den heißen Ofen stellen, den Radicchio darin etwa 8 Minuten schmoren lassen.

■ Inzwischen die Eier in etwa 6 Minuten wachsweich kochen.
Kalt abschrecken, pellen und längs halbieren. Radicchio mit dem
Schinken und den Eihälften auf vorgewärmten Tellern anrichten.
Mit der entstandenen Schmorflüssigkeit und dem übrigen Öl
beträufeln. Alles mit grob geschrotetem Pfeffer bestreuen. Sofort
servieren.

Wildkaninchenrillette

FÜR ETWA 350 G

2–3 Kaninchen-
keulen (insgesamt
etwa 750 g)
250 g frischer,
fetter Speck
1 kleine Stange
Lauch
½ Möhre
3 Stängel Petersilie
2 kleine Lorbeer-
blätter
1 Gewürznelke
¼ Zimtstange
Salz, Pfeffer aus der
Mühle
¼ l trockener Weiß-
wein
2 TL frische
Thymianblättchen
Lorbeerblätter und
Thymianzweige
zum Garnieren
Außerdem: Kü-
chengarn

Die Rilette ist ein klassischer Brotaufstrich, der seinen Ursprung in Frankreich hat und seit langem bei uns beliebt ist. Rilette wird meist aus Schweine-, Enten- oder Gänsefleisch zubereitet. Auch Kaninchen ist sehr gefragt.

■ Die Kaninchenkeulen kurz abbrausen und trocken tupfen. Das Fleisch so gut wie möglich von den Knochen abschneiden. Sehnen und Häutchen vom Fleisch entfernen. Kaninchenfleisch und Speck klein schneiden.

■ Die Lauchstange putzen, längs aufschneiden und gründlich waschen. Die Möhre schälen, längs halbieren. Petersilie waschen. In die aufgeschlitzte Lauchstange die Möhre, die Petersilie, die Lorbeerblätter, die Gewürznelke und die Zimtstange legen. Den Lauch zusammenklappen und alles mit Küchengarn fest verschnüren.

■ In einem Schmortopf ohne Fettzugabe das Fleisch und den Speck unter gelegentlichem Rühren anbraten. Leicht salzen und pfeffern. Den gefüllten Lauch, den Wein und die Thymianblättchen hinzufügen. Alles zugedeckt bei kleiner Hitze etwa 2 Stunden leicht köcheln lassen. Dabei öfter umrühren und etwas Wasser zugießen, falls die Masse zu trocken werden sollte.

■ Die Lauchstange herausnehmen. Das Fett vorsichtig in eine Schüssel abgießen. Das Fleisch portionsweise in einem Blitzhacker grob pürieren oder mit einem Messer hacken. Fleisch mit 1 Tasse Fett nochmals aufkochen und etwa 3 Minuten köcheln lassen. Mit Salz und Pfeffer abschmecken.

■ Die Rillette in verschließbare Gefäße (ein größeres Gefäß oder mehrere kleine) füllen und fest andrücken. Auf die Oberfläche so viel vom restlichen Fett gießen, sodass sie bedeckt ist. Mit Lorbeerblatt und Thymian garnieren.

■ Gefäß(e) mit einem Deckel oder mit Folie fest verschließen und kalt stellen. Die Wildkaninchenrillette vor dem Servieren mindestens 2 bis 3 Tage durchziehen lassen.

TIPPS

Die Rillette entfaltet ihr Aroma besonders gut, wenn sie beim Verzehren Zimmertemperatur hat. Kräftige Brotsorten oder warmes Stangenweißbrot schmecken am besten dazu.

Die Wildkaninchenrillette lässt sich als Vorspeise für eine größere Runde gut vorbereiten, denn sie hält sich gut zugedeckt 1 bis 2 Wochen im Kühlschrank.

Warum das Rebhuhn nicht mehr auf der Speisekarte steht

Viele Wildtiere leiden unter der landwirtschaftlichen Industrialisierung. Deshalb beschäftigt sich die Jägerschaft intensiv mit der Erhaltung der Wildarten und ihrer Lebensräume. Ein gutes Beispiel hierfür ist das Rebhuhn. Der gedrungene, etwa 30 Zentimeter große Vogel ist ein Tarnkünstler. Mit seinem rostroten Kopf und seinem braungrauen Gefieder ist er nur mit geübten Kennerblick im Feld zu erkennen. Doch am Blick allein liegt es meist nicht: Der einst in ganz Europa vertretene Hühnervogel ist selten geworden! Er gehört zu den gefährdeten Arten und ist auf Äckern und Feldfluren kaum mehr zu sehen. In der Roten Liste Deutschlands ist er unter „stark gefährdet" zu finden, regional zählt er zu den „gefährdeten Arten". Schuld sind der Strukturmangel auf den großen Ackerflächen, die intensive Bodenbearbeitung und der Nahrungsmangel aufgrund des hohen Einsatzes von Insektiziden und Herbiziden.

Das Rebhuhn war ursprünglich in der klein parzellierten Felder- und Wiesenlandschaft zu Hause. Doch Feldraine und Hecken, die die traditionellen landwirtschaftlichen Flächen prägten, sind verschwunden und mit ihnen das Rebhuhn. In der ausgeräumten Agrarlandschaft mit riesigen Maisschlägen und endlosen Ackerflächen fehlt dem Hühnervogel der geeignete „Über"-Lebensraum. Was noch schlimmer ist: Es fehlt ihm die Voraussetzung für die Balz. Nur in einer Landschaft mit kleinen Feld- und Ackerparzellen, ausgeprägter Randstruktur und freien, sonnigen Bereichen kann der Hahn sein Revier gegen Konkurrenten abstecken und erfolgreich balzen. Darüber hinaus leiden Alt- und Jungtiere Hunger. Jungtiere leben in den ersten Lebenstagen ausschließlich von eiweißreichen Insekten und Kleintieren, doch der Einsatz von Insektiziden hat dazu geführt, dass Großinsekten und deren Larven in der Feldflur zu einer Rarität geworden sind. Nicht viel besser geht es den erwachsenen Tieren: Das Wachstum vieler Kräuter, die wertvolle Sämereien liefern, wird als Folge der intensiven Nutzung unserer Kulturlandschaft durch Herbizide unterdrückt. Das Rebhuhn als beliebte Zeigerart der Feldflur hat an Boden verloren und mit ihm auch andere Bodenbrüter wie die Feldlerche und der Kiebitz. Der daraus resultierende Artenschwund ist seit vielen Jahren belegt. Wenn der Lebensraum für eine Art verloren geht, sind ihre Zukunftschancen stark eingeschränkt. Die Jägerinnen und Jäger sind sich ihres Auftrags zur Hege bewusst und engagieren sich in ihren Revieren, um Strukturvielfalt auf Ausgleichsflächen zu schaffen. Unter anderem mit dem wildtiergerechten Zwischenfruchtanbau oder der vom Bayerischen Jagdverband geförderten Anlage von Hecken, Blühflächen- und Blühstreifen. 2015 wird das „Greening" gestartet, das jeden Landwirt mit mehr als 15 Hektar Ackerfläche verpflichtet, fünf Prozent davon für ökologische Maßnahmen zur Verfügung zu stellen. Ein Lichtblick, nicht nur für das Rebhuhn!

Fasan mit Kartoffel-Kürbis-Rösti

Reinhold Winterl

FÜR 2 PORTIONEN

FÜR DEN FASAN
1 küchenfertiger Fasan
Salz, Pfeffer aus der Mühle
edelsüßes Paprikapulver
100–150 ml Rapsöl
Außerdem: Ausbeinmesser

FÜR DIE RÖSTI
250 g mehlig kochende Kartoffeln
100 g Hokkaido-Kürbis
etwas Mehl
1 Ei
frisch geriebene Muskatnuss
Butterschmalz zum Braten
Salz, Pfeffer aus der Mühle

■ Den Fasan in Keulen und Bruststücke teilen. Mithilfe eines Ausbeinmessers die Knochen aus den Stücken herauslösen. Fleischteile mit Salz, Pfeffer und Paprika würzen. In ein Gefäß legen, mit Öl bedecken und gut 3 Stunden im Kühlschrank ziehen lassen

■ Für die Rösti die Kartoffeln schälen und waschen. Kürbis waschen, Kerne und Fasern entfernen. Kartoffeln und den Kürbis samt Schale grob raspeln, beides mischen. Mit etwas Mehl bestäuben und das Ei unterrühren. Die Masse mit Muskatnuss würzen. Butterschmalz in einer Pfanne erhitzen. Darin aus der Masse kleine knusprige Rösti ausbacken. Salzen, pfeffern und warm stellen.

■ Backofen auf 130 °C vorheizen. Die Fasanenstücke zuerst auf dem vorbereiteten Grill beidseitig goldgelb anbraten. Auf eine Platte legen und im Ofen in etwa 10 Minuten fertig garen. Der Kern der Fleischstücke ist noch ganz leicht rosa. Fasan mit den Rösti servieren.

TIPPS

Wer sich nicht zutraut, den rohen Fasan zu entbeinen, kauft pro Person etwa 150 g küchenfertiges Fasanenbrustfilet.

Zum Fasan serviere ich eine in Streifen geschnittene Mischung aus Waldpilzen, Möhre, Paprikaschote, Lauchzwiebel, Chinakohl und Chilischote, die ich im Wok bissfest gare und mit etwas Geflügelbrühe oder Weißwein ablösche. Gewürzt wird mit Sojasoße, Ananassaft, Salz und Pfeffer.

Reinhold Winterl, Jäger seit er laufen kann, Metzger und Koch. Er führt im Bayerischen Wald das Landhotel Winterl und das Restaurant „Woidjaga" mit saisonaler, regionaler Bio-Küche und Wildbret aus eigener Jagd.

„Ich habe das Glück, Beruf & Passion miteinander verbinden zu können. Wild aus der freien Wildbahn ist für mich 100 Prozent ‚bio'."

Lauwarmes Carpaccio vom Rehrückenfilet

TIPP

Zum Schneiden des Rehrückenfilets am besten eine Aufschnittmaschine mit dem glatten Schneidblatt oder ein großes und sehr scharfes Messer verwenden.

FÜR 4 PORTIONEN

250 g Rehrücken-
filet
150 g feine grüne
Bohnen
Salz, Pfeffer aus der
Mühle
2 TL Olivenöl
einige Tropfen
Zitronensaft
1–2 TL Fenchelsa-
men
100 g frische Stein-
pilze oder Champi-
gnons
2 EL Butter
40 g Parmesan am
Stück
Außerdem: Trüffel-
oder Gemüsehobel

■ Das Filet, falls nötig, parieren und bis zur Zubereitung mindestens 2 Stunden im Kühlschrank kalt stellen. Bohnen waschen, putzen und schräg in dünne Scheiben schneiden. Salzwasser aufkochen, die Bohnen darin offen bissfest garen. Abgießen, abschrecken und abtropfen lassen. Mit Öl, Salz, Pfeffer und einigen Tropfen Zitronensaft würzen.

■ Fenchelsamen im Mörser fein zerdrücken, etwas Salz und Pfeffer zufügen. Die Pilze putzen. Filet in etwa 3 mm dicke Scheiben schneiden. Anschließend einzeln mit der Messerklinge flach streichen.

■ Butter in einer großen Pfanne erhitzen. Den Gewürzmix und 2 Tropfen Zitronensaft einrühren. Filetscheiben einzeln durch die Gewürzbutter ziehen, auf Tellern auslegen. Bohnen in der Mitte anrichten. Pilze und Käse mit dem Hobel über das Carpaccio verteilen, servieren.

Wraps mit Wildfleisch und Avocado

TIPP

Das würzige Hackfleisch lässt sich gut am Vortag zubereiten. Bis zum Gebrauch zugedeckt kalt stellen. Hackfleisch vor der Verwendung nochmals heiß werden lassen.

FÜR 4 PORTIONEN

1 Zwiebel
1 Knoblauchzehe (nach Belieben)
2 EL Olivenöl
300 g Wildhackfleisch
2 EL Tomatenmark
1 TL Sambal Oelek
5 EL Fleisch- oder Gemüsebrühe
2 schnittfeste Tomaten
3–4 Blätter Romanasalat
1 reife Avocado
2–3 EL Zitronensaft
8 Tortillafladen (Fertigprodukt)

Zucker, Salz, Pfeffer aus der Mühle
einige Koriander- oder Petersilienblätter

■ Zwiebel und Knoblauch abziehen, fein würfeln. Öl erhitzen, Wildhackfleisch mit Zwiebel und Knoblauch im heißen Öl braten bis das Hackfleisch krümelig ist. Tomatenmark, Sambal Oelek und Brühe unterrühren. Hacksoße bei mittlerer Hitze 10 Minuten köcheln lassen.

■ Tomaten waschen, halbieren und entkernen. Das Fruchtfleisch in Spalten schneiden. Salatblätter waschen, trocken tupfen, in Streifen schneiden. Avocado schälen, längs halbieren, den Stein entfernen. Avocadohälften in Spalten schneiden und sofort mit Zitronensaft beträufeln.

■ Teigfladen nach Packungsangabe im Ofen erwärmen. Hackfleisch mit 1 Msp. Zucker, Salz und Pfeffer würzig abschmecken. Zuerst Salat, dann Hackfleisch, Tomaten und Avocado auf den Teigfladen verteilen. Mit Kräuterblättchen bestreuen. Die Wraps einrollen und warm servieren.

Gäste und Feste

Wenn Freunde und Familie zu Besuch kommen oder eine Feier ansteht, tischt man gerne etwas Besonderes auf. Heimisches Wild aus Wald und Flur ist dafür eine ausgezeichnete Wahl, für eher rustikale wie für edle Hauptgerichte. Ob Braten, Gulasch, Koteletts, Geschnetzeltes, Medaillons oder Rückenfilets – für jeden Geschmack und jeden Anlass ist etwas dabei. Und für größere Personenzahlen lassen sich die Zutatenmengen der Rezepte bequem umrechnen. Bei so aromatisch und saftig serviertem Fleisch ist der Schlemmerfaktor hoch. Da bleibt nur noch zu sagen: Ganz vortrefflich und Waidmanns Dank!

Maibock mit Morchelrahm

FÜR 6 PORTIONEN

30 g getrocknete
Morcheln
400 ml Wildbrühe
(Rezept Seite 38
oder Wildfond aus
dem Glas)
1,2 kg parierte
Maibockschulter
ohne Knochen
Salz, Pfeffer aus der
Mühle
1 Handvoll Bär-
lauch
2 Schalotten
6–7 EL Sonnen-
blumenöl
50 ml Wermut (z.B.
Noilly Prat)
150 ml Weißwein
200 g Kräuterseit-
linge (ersatzweise
andere Pilze)
2–3 EL Crème
fraîche
1–2 TL Speisestärke
Außerdem: Kü-
chengarn

■ Die getrockneten Morcheln in der Wildbrühe 1 Stunde einweichen. Morcheln herausheben, längs halbieren, gründlich waschen und abtropfen lassen. Einweichbrühe durch ein Haarsieb
in ein Gefäß gießen, beiseite stellen.

■ Den Backofen auf 180 °C vorheizen. Die Maibockschulter trocken tupfen, mit Salz und Pfeffer einreiben. Bärlauch waschen,
trocken tupfen, grobe Stängel abschneiden. Bärlauch auf die In-
nenseite des Fleisches legen (da, wo vorher die Knochen waren).
Die Schulter mit Küchengarn zusammenbinden.

■ Schalotten abziehen, fein würfeln. In einem Bräter 5 EL Öl erhitzen, darin das Fleisch rundum anbraten. Schalotten zufügen,
kurz mitbraten. Mit Wermut ablöschen, Pilz-Einweichbrühe und
Wein zugießen. Fleisch zugedeckt im Ofen (unterste Schiene) in
1 ½ bis 2 Stunden bis zu einer Kerntemperatur von 63 bis 65 °C
garen, dabei öfter mit dem Bratenfond beschöpfen.

■ Etwa 15 Minuten vor Garzeitende des Fleisches die Morcheln
hinzufügen.

■ Köpfe und Stiele der Kräuterseitlinge mit einem angefeuchteten Küchenpinsel reinigen und die angetrockneten Stielenden
abschneiden. Pilze in mundgerechte Stücke schneiden. Im übrigen Öl hellgelb braten. Salzen und pfeffern.

■ Bräter aus dem Ofen nehmen, das Fleisch herausheben und in
Alufolie gewickelt noch etwa 5 Minuten ruhen lassen. Morcheln
aus dem Bräter heben. Den Bratenfond durch ein Sieb in einen
breiten Topf gießen. Crème fraîche unterrühren und die Soße sämig einkochen. Nach Belieben zusätzlich mit der in wenig Wasser
angerührten Speisestärke binden. Mit dem Stabmixer sämig aufschlagen. Beide Pilzsorten in die Soße geben, nochmals erhitzen
und abschmecken.

■ Maibockschulter in Scheiben schneiden und mit der Soße auf
vorgewärmten Tellern anrichten.

TIPPS

Im Frühjahr gibt
es frische Spitz-
morcheln. Greifen
Sie zu, wenn Ihnen
welche angeboten
werden. Für die
Soße dennoch
einige getrocknete
Morcheln verwen-
den, da sie ein
intensiveres Aroma
haben.

Zum Maibock
schmecken Kar-
toffeln und kleine
gedünstete Mairüb-
chen.

Marinierter Rehrücken

Susanne Porsche

FÜR 4 PORTIONEN

Bitte beachten:
Fleisch muss 1 bis
2 Tage marinieren

ca. 1,5 kg Reh-
rücken
ca. 300 g Reh-
knochen
1 große Zwiebel
ca. 15 cm langer
Tannenzweig
2 Lorbeerblätter
4–6 zerstoßene
Wacholderbeeren
½–1 EL schwarze
Pfefferkörner
¾ l Rotwein
1 EL Johannisbeer-
gelee
etwas saure Sahne
oder Crème fraîche
Salz, Pfeffer aus der
Mühle
Butterschmalz zum
Anbraten
4–5 Scheiben ge-
toastetes Weißbrot

■ Rehrücken und Rehknochen kurz waschen und trocken tupfen. Für die Marinade die Zwiebel abziehen, grob würfeln. Den
Tannenzweig heiß waschen und trocken tupfen. Zwiebel mit Tannenzweig, Lorbeer, Wacholderbeeren, Pfefferkörnern, den Knochen und dem Rotwein in eine Schüssel geben. Den Rehrücken
hineinlegen und zugedeckt im Kühlschrank 1 bis 2 Tage marinieren. Eventuell ab und zu wenden.

■ Den Rehrücken aus der Marinade heben, trocken tupfen und
abgedeckt beiseite stellen. Die Marinade samt Knochen aufkochen und etwa 1 Stunde köcheln lassen. Anschließend durch ein
Sieb in einen Topf gießen. Die Soße mit Johannisbeergelee, saurer
Sahne oder Crème fraîche sowie Salz und Pfeffer abschmecken.

■ Den Backofen mitsamt einem Bräter auf 80 °C vorheizen. Butterschmalz in einer tiefen Pfanne erhitzen. Den Rehrücken darin
von beiden Seien scharf anbraten. Salzen und pfeffern. Den Boden des Bräters mit dem Brot bedecken. Rehrücken darauflegen
und im Ofen etwa 30 Minuten garen. Den Rehrücken mit der heißen Soße servieren.

■ Dazu gedünstete Birnenhälften reichen, die mit Preiselbeeren
gefüllt sind. Außerdem schmecken zum Reh wunderbar selbst
geschabte Spätzle und Rotkraut.

TIPP

Das Toastbrot sorgt dafür, dass das Fleisch schön saftig bleibt,
wird aber nicht mitgegessen.

Susanne Porsche,
Geschäftsführerin
und Filmproduzen-
tin, engagiert sich
in Stiftungen und
Initiativen.

*„Wild ist mir von
allen Fleischsorten
tatsächlich das liebs-
te, da es einen ganz
spezifischen und
unvergleichbaren
Geschmack hat. Und
weil Wild nicht täglich
zur Verfügung steht,
ist es einfach etwas
Besonderes. Als Kind
habe ich meiner Mut-
ter über die Schulter
geschaut, wenn sie
Wild zubereitet hat.
Das folgende Rezept
stammt von ihr, und
ich koche es bis heute
gerne nach."*

Rehgulasch mit Bratpilzen

TIPPS

Beim Schmoren auf einen gut schließenden Deckel achten und auf eine kleine Hitze um den Siedepunkt. Die Flüssigkeit darf dabei nur leicht köcheln.

Das Gulasch können Sie auch mit gemischtem Fleisch von Reh, Gams und Hirsch zubereiten.

FÜR 4–6 PORTIONEN

1 Zwiebel
je 100 g Möhre, Staudensellerie und Lauch
2 EL Butterschmalz
1 kg Rehgulasch
Salz, Pfeffer aus der Mühle
½ EL Mehl
1 EL Tomatenmark
2 EL Ahornsirup
1 Lorbeerblatt
2 Zweige Thymian
2 Wacholderbeeren

■ Zwiebel und Gemüse putzen, klein würfeln. Butterschmalz in einem Bräter erhitzen, die Fleischwürfel darin portionsweise kräftig anbraten. Salzen, pfeffern und herausheben.

■ Vorbereitetes Gemüse im Bratfett 2 Minuten andünsten. Mit Mehl bestäuben. Tomatenmark, Sirup und Gewürze einrühren, kurz mitrösten. Je 200 ml der beiden Weinsorten zugießen. Fleisch untermischen, aufkochen und zugedeckt bei kleiner Hitze etwa 1 ½ Stunden schmoren, bis es weich ist. Falls nötig, Wein nachgießen.

■ Pilze putzen und in Stücke schneiden. Öl in einer großen Pfanne erhitzen, Pilze darin 3 bis 4 Minuten braten, mit Salz und Pfeffer würzen. Butter und Petersilie unterrühren. Gulasch mit Salz und Pfeffer abschmecken. Auf Tellern anrichten und die Pilze darüber verteilen. Crème fraîche glatt rühren und einen Klecks auf das Gulasch geben.

200–250 ml kräftiger Weißwein
200–250 ml weißer Portwein
300 g frische, gemischte Waldpilze
1 Öl
1 EL Butter
1 EL gehackte Petersilie
100 g Crème fraîche

Winterlicher Braten vom Reh

TIPPS

Wenn die Flüssigkeit im Bräter zu schnell einkocht, Wein oder Wildfond nachgießen.

Rosa geschmort ist das Fleisch bei einer Kerntemperatur von 56 °C, durchgebraten ab 75 °C.

FÜR 6 PORTIONEN

Bitte beachten:
Fleisch muss 1 bis
2 Tage marinieren

1,2 kg pariertes
und gebundenes
Rehfleisch ohne
Knochen (Keule
oder Schulter)
300 g Suppengrün
1 Zwiebel
1 Lorbeerblatt
4 Gewürznelken
4 Pimentkörner
4 Wacholderbeeren

■ Rehfleisch in eine Schüssel legen. Suppengrün und Zwiebel putzen, klein würfeln. Beides mit Gewürzen, ¾ l Wein und Grappa zum Fleisch geben. Zugedeckt im Kühlschrank 1 bis 2 Tage marinieren. In dieser Zeit mehrmals wenden.

■ Fleisch aus der Marinade heben, trocken tupfen. Butterschmalz im Bräter erhitzen. Das Fleisch darin rundum anbraten, salzen und pfeffern. Marinade durch ein Sieg gießen und auffangen. Gemüse aus dem Sieb zum Fleisch geben und anbraten. Alles mit Mehl bestäuben und mit Marinade begießen. Bei leicht geöffnetem Deckel sanft schmoren (siehe Tipp). Falls nötig noch Flüssigkeit nachgießen.

■ Rehfleisch aus dem Bräter heben, in Alufolie gewickelt warm stellen. Die Soße durch ein Sieb gießen, das Gemüse gut ausdrücken. Hagebuttenmus einrühren, die Soße sämig einkochen lassen und abschmecken.

ca. 3 cm Zimtstange
ca. ¾ –1 l kräftiger Rotwein
2 cl Grappa
2 EL Butterschmalz
Salz, Pfeffer aus der Mühle
1 EL Mehl
1 EL Hagebuttenmus (Rezept Seite 159 oder fertig gekauft)

Rehrücken

Prinz Leopold von Bayern

FÜR 6–8 PORTIONEN

1,2–1,8 kg parierter Rehrücken
Salz, Pfeffer aus der Mühle
2 TL Wacholderbeeren (fein zerstoßen)
1 Bund Suppengemüse
1 Zwiebel
1 Lorbeerblatt
300 g Wildknochen
2 EL ÖL
180 g Butter
100–150 g saure Sahne
200 ml trockener Rotwein
200 ml Wildbrühe (Rezept Seite 38 oder Wildfond aus dem Glas)
etwas Mehl zum Binden
ca. 1 TL geriebene Bio-Orangenschale

■ Den Backofen auf 160 °C vorheizen. Rehrücken rundum mit Salz, Pfeffer und Wacholderbeeren einreiben. In die tiefe Fettpfanne des Ofens legen. Suppengemüse putzen und waschen, Zwiebel abziehen. Beides klein schneiden und mit Lorbeer und Wildknochen in heißem Öl anbraten. Um das Fleisch herum verteilen.

■ Die Butter erhitzen und gleichmäßig über den Rehrücken gießen. Im Ofen bis zur gewünschten Kerntemperatur braten (bei 55 bis 56 °C ist der Rehrücken rosa/medium, bei 58 bis 60 °C gerade eben durch). Dabei mehrmals mit der Bratbutter beschöpfen. Kurz vor Ende der Garzeit den Rücken mit saurer Sahne bestreichen und bräunen lassen.

■ Ofen ausschalten. Den Rehrücken herausnehmen, auf eine Platte legen und mit Alufolie bedeckt im Ofen warm halten. Den Inhalt der Fettpfanne durch ein feines Sieb in einen breiten Topf gießen. Das Gemüse ausdrücken. Bratensatz mit etwas Brühe loskochen, in den Topf gießen.

■ Rotwein und übrige Brühe zugießen. Offen bei starker Hitze 5 bis 6 Minuten einkochen. Die Soße mit etwas in kaltem Wasser angerührtem Mehl leicht binden. Mit Orangenschale, Salz und Pfeffer abschmecken.

TIPP

Mit Preiselbeeren, gedünsteten Birnen oder Äpfeln servieren. Als Beilage schmecken Kartoffelpüree und Blaukraut.

Prinz Leopold ist der Urururenkel von König Ludwig I.

„Heute gehe ich lieber raus, um das Wild zu beobachten. Zum Schuss zu kommen, ist mir nicht mehr so wichtig."

Tjälknöl vom Hirsch

S.K.H. Prinz Wolfgang von Bayern

FÜR 4–6
PORTIONEN

1 kg tiefgekühltes
Hirschfleisch aus
der Keule am Stück,
ohne Knochen (z.B.
Oberschale oder
Nuss)

FÜR DIE
SALZLAKE
1 l Wasser
100 g Salz
2 EL Zucker
1 Lorbeerblatt
2 TL schwarze Pfef-
ferkörner
2 EL Wacholder-
beeren

■ Das noch tiefgekühlte Fleisch auf ein Gitter in einen Bräter legen. In den Backofen auf den Rost (unterste Schiene) stellen. Ofen auf 80 bis 100 °C einstellen und das Fleisch zunächst 2 bis 4 Stunden auftauen lassen.

■ Ein Fleischthermometer in das dickste Teil des Fleischstücks stecken. Den Braten im Ofen bis zu einer Kerntemperatur von 65 bis 70 °C garen. Das kann weitere 7 bis 10 Stunden dauern. Bei 70 °C ist das Fleisch innen rosa/medium.

■ Hirschfleisch aus dem Ofen nehmen, in eine Schüssel legen. Pfefferkörner und Wacholderbeeren in einem Mörser grob zerstoßen. Das Wasser mit Salz, Zucker, Lorbeerblatt, Pfeffer und Wacholderbeeren in einem Topf kurz aufkochen und über das Fleisch gießen. Zugedeckt 4 bis 6 Stunden kühl stellen.

■ Zum Servieren das Wildbret aus der Salzlake heben, trocken tupfen und in dünne Scheiben schneiden. Bei größeren Festlichkeiten wird Tjälknöl in Schweden gerne als Hauptgericht mit Kartoffelgratin oder Kartoffelsalat und scharfem Senf serviert.

TIPPS

Wenn das Wildbret beim Marinieren nicht ganz von der Salzlake bedeckt wird, das Fleisch nach etwa 2 Stunden wenden.

Das Hirschfleisch, ähnlich einem Roastbeef, eignet sich auch sehr gut für kaltes Buffet. Der Braten kann auch mit Fleisch von Elch, Reh oder Rind zubereitet werden.

Prinz Wolfgang von Bayern

„Fleisch vom Rotwild ist mager und langfaserig und hat eine kernige Struktur, der Geschmack ist aufgrund der besonderen Ernährung kräftig und würzig. Rücken und Keulen eignen sich besonders gut für die schnellen Garmethoden oder den Grill.“

Hirschkeule mit Portwein-Holunder-Soße

TIPPS

Bei der angegebenen Kerntemperatur hat die Keule einen rosa Kern. Je nach Alter des Tieres und Beschaffenheit des Fleisches kann die Garzeit 1 ½ bis 3 Stunden betragen.

Die fertige Keule kann bei 60 °C bis zu 1 Stunde warm gehalten werden.

FÜR 6 PORTIONEN

ca. 1,3 kg parierte Hirschkeule ohne Knochen
Salz, Malabar-Pfeffer
2 EL Butterschmalz
300 ml Wildbrühe (Rezept Seite 38 oder Wildfond aus dem Glas)
300 ml weißer Portwein
50 g sehr kalte Butter
1–2 EL Holunder-blütensirup

■ Backofen samt ofenfester Form auf 80 °C vorheizen. Keule trocken tupfen, salzen, pfeffern und mit Küchengarn binden.

■ Butterschmalz in einer Pfanne mit hohem Rand erhitzen, die Keule darin bei mittlerer Hitze knapp 10 Minuten anbraten. In die Form setzen und im Ofen (Mitte, keine Umluft) garen, bis das Fleisch eine Kerntemperatur von 58 bis 60 °C erreicht hat (siehe Tipp). Das Fett aus der Pfanne abgießen, die Pfanne aber nicht ausspülen.

■ Kurz vor Garzeitende der Keule den Bratensatz in der Pfanne erhitzen, mit Brühe und Wein ablöschen. Offen bei starker Hitze etwa 5 Minuten einkochen lassen. Butter nach und nach unterschlagen, bis eine leichte Bindung entsteht. Soße mit Salz, Pfeffer und Holundersirup abschmecken. Keule aus dem Ofen nehmen, in Scheiben schneiden, mit der Soße servieren.

Außerdem: Küchengarn, ofenfeste Form

Geschmorte Gamsschulter

TIPPS

Je nach Herkunft und Alter der Gams kann die Garzeit 1 ½ bis 2 ½ Stunden betragen.

Die Soße nach Belieben mit etwas in kaltem Wasser angerührter Stärke binden.

FÜR 4–6 PORTIONEN

1–1,2 kg parierte und gebundene Gamsschulter ohne Knochen
Salz, Pfeffer
250 g kleine Schalotten
1 Knoblauchzehe
150 g Petersilienwurzeln
2 kleine, ungespritzte Tannenzweigspitzen (nach Belieben, siehe Tipp Seite 78)
1 Bio-Orange
2–3 EL Öl
¾ l kräftiger Rotwein
3 Zweige Thymian
2–3 Wacholderbeeren
1 Scheibe Roggenbrot vom Vortag
¾ l Wildbrühe (Rezept Seite 38 oder Wildfond aus dem Glas)

■ Gamsschulter salzen und pfeffern. Schalotten und Knoblauch abziehen. Petersilienwurzeln schälen und würfeln. Tannenzweige heiß waschen. Orange waschen, ein großes Stück Schale abschneiden.

■ Öl in einem Bräter erhitzen, Fleisch darin kräftig anbraten, herausheben. Bratöl bis auf 2 EL abgießen. Das Gemüse darin anrösten, mit 150 ml Wein ablöschen, einkochen lassen.

■ Fleisch in den Bräter legen. Gewürze, Orangenschale und Tannenzweige zugeben. Brot zerkrümeln und zufügen. Übrigen Wein und Brühe angießen. Braten zugedeckt bei kleiner Hitze sanft schmoren, bis er weich ist, dabei mehrmals mit dem Bratenfond begießen.

■ Braten und Zweige aus der Soße nehmen. Fleisch in Alufolie wickeln, warm stellen. Orange auspressen, den Saft zur Soße gießen, sämig einkochen lassen. Mit Salz und Pfeffer abschmecken.

Gamsmedaillons mit Kaffee-Gewürz-Butter

FÜR 4 PORTIONEN

1 grüne Karda-
momkapsel
1 Gewürznelke
1 EL Kaffeebohnen
(ca. 5 g)
1 TL schwarze Pfef-
ferkörner
1 TL Salz (am
besten grobes
Meersalz)
1 Messerspitze ge-
mahlene Bourbon-
Vanille
3 EL Sonnen-
blumenöl
8 Gamsmedaillons
à ca. 70 g
150 g Butter

■ Kardamomkapsel aufbrechen, die kleinen Samen herauslösen und mit der Nelke im Mörser fein zerdrücken. Kaffeebohnen und Pfefferkörner im Mörser grob zerstoßen. Alles mit Salz und Vanille mischen.

■ Öl in einer großen Pfanne erhitzen. Medaillons darin auf jeder Seite 1 Minute scharf anbraten. Auf mittlere Hitze reduzieren, das Öl abschöpfen. Butter in die Pfanne geben und schmelzen lassen. 3 bis 4 TL Kaffee-Gewürz-Mix in die Butter rühren.

■ Medaillons unter gelegentlichem Wenden fertig braten, das dauert 2 bis 5 Minuten. Bei einer Kerntemperatur von 55 °C haben sie noch einen rosa Kern, darüber sind sie durchgebraten.

■ Fleisch aus der Pfanne heben, zugedeckt auf einem warmen Teller noch kurz ruhen lassen. Danach mit der noch heißen Kaffee-Gewürz-Butter auf vorgewärmten Tellern anrichten, nach Belieben mit einem kleinen Rosmarinzweig garnieren. Sofort servieren.

TIPP

Dazu schmecken Stangenbrot und gebratene Waldpilze oder gemischter Blattsalat.

Gamsnüsschen in Tannengrünmarinade

FÜR 6 PORTIONEN

FÜR DIE NÜSS-CHEN
2 EL unge-spritzte, frische Tannenzweig-spitzen
1 EL Petersilien-blätter
100 ml Olivenöl
1 EL Zitronensaft
Salz, Pfeffer aus der Mühle
ca. 900 g parierte Gamsnüsschen

FÜR DIE MARO-NENSOSSE
250 g gegarte Maronen
2 Schalotten
50 g Butter
400 ml Wildbrühe (Rezept Seite 38 oder kräftige Ge-müsebrühe)
100 g Sahne
Salz, Pfeffer aus der Mühle
frisch geriebene Muskatnuss

■ Für die Marinade Tannennadeln und Petersilie in einem Sieb für 30 Sekunden in kochendes Wasser hängen. Eiskalt abschrecken und trocken tupfen. Beides mit Öl, Zitronensaft sowie etwas Salz und Pfeffer fein pürieren. Gamsnüsschen mit der Marinade dick be-streichen. Zugedeckt etwa 8 Stunden im Kühlschrank marinieren.

■ Für die Soße die Maronen grob hacken. Schalotten abziehen, fein würfeln. Butter erhitzen, Schalotten darin farblos andünsten. Maronen unterrühren, 2 Minuten mitdünsten. Brühe und Sahne angießen, zugedeckt 20 Minuten köcheln lassen. Soße fein pürie-ren, mit Salz, Pfeffer und Muskatnuss abschmecken.

■ Gamsnüsschen Raumtemperatur annehmen lassen. Backofen auf 160 °C vorheizen. Fleisch rundum kräftig anbraten. Danach im Ofen bis zu einer Kerntemperatur von 56 bis 58 °C rosa braten.

TIPPS

Verwenden Sie Tannennadeln von Bäumen aus privaten Gärten. Oder bitten Sie den Waldbesitzer um Erlaubnis, denn eigenmächtiges Pflücken im Wald ist grundsätzlich verboten.

Die Tannengrün-marinade eignet sich auch für Fleischteile von Reh, Hirsch oder Wildschwein. Mari-nierte Steaks oder Koteletts auf dem Grill garen.

Gamskeule mit Kirschen

Christian Schottenhamel

FÜR 6–8 PORTIONEN

Bitte beachten: Fleisch muss 24 Stunden marinieren

1,5 kg parierte Gamskeule ohne Knochen
1 Zwiebel
200 g Knollensellerie
3 Möhren
1 l trockener Rotwein
1 TL fein zerstoßene Wacholderbeeren
Salz, Pfeffer aus der Mühle
2 EL Sonnenblumenöl
1 l Wildfond (Rezept Seite 38 oder Fond aus dem Glas)
250 g tiefgekühlte Kirschen
eventuell etwas Speisestärke
1 Vanilleschote
etwas Zitronensaft
etwas gemahlener Piment

■ Die Gamskeule kurz kalt waschen und trocken tupfen. Zwiebel abziehen, Sellerie und Möhren schälen. Das Wurzelgemüse in grobe Stücke schneiden. Keule und Gemüse in eine Schüssel legen, mit Rotwein übergießen und zugedeckt 24 Stunden im Kühlschrank marinieren.

■ Keule aus der Marinade heben und trocken tupfen. Mit Salz, Pfeffer und Wacholder rundum würzen. Den Backofen auf 140 °C vorheizen.

■ Öl in einem Bräter erhitzen. Das Fleisch darin von allen Seiten anbraten. Wurzelgemüse aus dem Rotwein heben, zum Fleisch geben und kurz mitbraten. Mit Wein und etwa 300 ml Fond ablöschen, aufkochen. Bräter offen in den Ofen stellen. Die Keule bis zu einer Kerntemperatur von 63 °C garen oder maximal 1½ Stunden. Währenddessen öfter mit dem Bratenfond beschöpfen. Falls nötig weiteren Fond angießen. Die Kirschen auftauen lassen.

■ Fleisch aus dem Bräter heben, in Alufolie wickeln und an einem warmen Ort ruhen lassen. Die Soße durch ein Sieb in einen breiten Topf gießen. Auftausaft der Kirschen zufügen. Soße nach Belieben offen bei starker Hitze einkochen lassen und/oder mit etwas in kaltem Wasser angerührte Stärke binden.

■ Vanilleschote längs aufschlitzen, mit den Kirschen zur Soße geben und darin etwa 5 Minuten ziehen lassen. Soße mit Salz, Zitronensaft, Piment und Pfeffer abschmecken. Gamskeule in Scheiben schneiden und mit der Soße servieren.

TIPP

Die Keule nach dem Würzen aufrollen und mit Küchengarn locker zusammenbinden. So bleibt sie in Form.

Christian Schottenhamel ist Wirt im Münchner Löwenbräukeller und Münchner Wiesnwirt. Er geht gerne auf die Jagd – wenn Zeit dazu bleibt.

„Eine ganz besondere Delikatesse ist die Gams. Bis Mitte August haben die Gämsen Zeit, die saftigen Bergweiden und Grasmatten abzuäsen und viele frische Bergkräuter aufzunehmen, die dem Fleisch Geschmack und wertvolle Mineralien zusetzen."

Salz & Pfeffer

Sie sind die mit Abstand am häufigsten verwendeten Gewürze in unserer Küche. Hinter diesen simplen Begriffen steckt jeweils eine interessante, äußerst vielfältige und aromareiche Welt. Alle vorgestellten Salz- und Pfeffersorten passen vorzüglich zu Wild und Wildgeflügel.

Salze werden in Stein- und Meersalze unterschieden. Herkömmliches Speisesalz, oft Steinsalz, wird bei seiner industriellen Herstellung raffiniert. Naturbelassene Salze dagegen enthalten noch alle Elemente ihres Urzustands.
Urmeer-Salz: Gewonnen aus 200 Millionen Jahre altem Urmeerwasser, welches unter Bad Essen liegt. In der Küche und am Grill universell einsetzbar.
Alpensalz: Naturbelassenes Steinsalz, seine rötlich braune Farbe kommt vom Eisengehalt. Gut für eher deftige Gerichte.
Fleur de Sel: Heißt übersetzt Salzblume. Die Salzkristalle bilden sich beim Verdunsten an der Meerwasseroberfläche. Feines für den täglichen Genuss.
Blütensalz: Ein Mix aus naturbelassenem Meersalz und den verschiedensten getrockneten Blüten. Gourmets nehmen für Wild und Wildgeflügel würzig-herbes Rosenblütensalz.
Rauchsalz: Grobes Meersalz, das durch Räuchern ein schinkenähnliches Aroma bekommt. Wird mit den Fingern über dem Essen zerrieben, z.B. über Gegrilltem.

Pfefferspezialitäten und andere pfefferähnlichen Gewürze erobern mehr und mehr die deutsche Küche. Die variantenreichen Sorten des echten Pfeffers unterscheiden sich im Reifegrad der Körner und in ihrer Veredelung.
Schwarzer Pfeffer: Frisch gemahlen entfaltet er eine angenehme Schärfe und eine zitrusartige Frische.
Malabar-Pfeffer: Dieser schwarze Pfeffer besticht durch seinen scharfen und gleichzeitig fruchtig-aromatischen Geschmack. Exklusiver Alltagspfeffer.
Langer Pfeffer: Schmeckt scharf, gleichzeitig aber leicht süßlich.
Tellicherry Pfeffer: Der schwarze Edel-Pfeffer ist überdurchschnittlich aromatisch und etwas schärfer als gewöhnlicher schwarzer Pfeffer.
Weißer Pfeffer: Ist deutlich milder als schwarzer Pfeffer, sein Aroma ist intensiv mit einer leichtsüßlichen Note.
Grüner Pfeffer: Schmeckt mild, wird unreif verarbeitet, dann gefriergetrocknet oder in Lake eingelegt.
Rosa Pfeffer: Ist nicht mit echtem Pfeffer verwandt. Die Körner dieser Spezialität schmecken süßlich-würzig, kaum scharf.

Frischlingskoteletts mit Gemüsecurry

FÜR 4 PORTIONEN

8 kleine Wild-
schweinkoteletts
2–3 Knoblauchze-
hen
1 Stück Ingwer (ca.
2 cm)
4–5 EL Öl
300 g Naturjoghurt
2 TL Garam Masala
(Gewürzmischung)
¼ TL getrocknete
Chiliflocken
800 g kleine Kartof-
feln (z.B. Drillinge)
Salz, Pfeffer
1 Bund Lauch-
zwiebeln
200 g Babyspinat
2 EL Currypulver
150 ml Gemüse-
brühe
250 g Kochsahne
(15 % Fett)
3 EL Butterschmalz

■ Koteletts waschen, trocken tupfen. Knoblauch abziehen, Ingwer schälen, beides fein würfeln und mit 2 EL Öl, Joghurt, Garam
Masala und Chiliflocken verrühren. Koteletts in der Würzcreme
wenden, abgedeckt in Kühlschrank 3 bis 4 Stunden ziehen lassen.

■ Kartoffeln in Salzwasser gar kochen, abschrecken und pellen.
Nach Belieben halbieren. Lauchzwiebeln putzen, waschen und in
Stücke schneiden. Spinat waschen und trocken schütteln.

■ In einem breiten Topf 2 bis 3 EL Öl erhitzen. Lauchzwiebeln darin 2 Minuten anbraten. Currypulver einrühren und kurz mitbraten. Kartoffeln untermischen. Brühe und Sahne angießen, 3 bis
5 Minuten köcheln lassen.

■ Koteletts aus der Würzcreme heben, die Creme abstreifen.
Butterschmalz in einer Pfanne erhitzen, die Koteletts darin bei
mittlerer Hitze beidseitig goldbraun braten. Spinat unter das Ge-
müsecurry mischen, mit Salz und Pfeffer abschmecken, zu den
Koteletts servieren.

TIPP

Garam Masala
ist eine typische
nordindische Ge-
würzmischung. Das
bräunliche Pulver
gibt es als milde
sowie schärfere
Variante zu kaufen.

Wildschweinsugo mit Anis

FÜR 4 PORTIONEN

500 g Wildschwein-
fleisch ohne Kno-
chen (z.B. aus der
Schulter)
1 Möhre
1 zarte Stange
Staudensellerie
1 Zwiebel
1 EL Butterschmalz
2 TL Anissamen
1 Knoblauchzehe
1 EL Mehl
150 g Tomaten-
püree (Glas oder
Karton)
Salz, Pfeffer aus der
Mühle
1 TL fein geriebene
Bio-Zitronenschale
⅛ l trockener Rot-
wein
¼ l Wildbrühe
(Rezept Seite 38
oder Wildfond aus
dem Glas)
400–500 g breite
Bandnudeln
1 EL Butter
2 EL kleine
Petersilienblätter

■ Fleisch in 1 cm große Würfel schneiden. Möhre, Sellerie und
Zwiebel putzen, klein würfeln. Butterschmalz in einem Bräter
erhitzen. Darin portionsweise Fleisch und Gemüse mit den Anissamen anbraten. Knoblauch schälen und dazu pressen. Alles
wieder in den Bräter geben, mit Mehl bestäuben. Tomatenpüree
unterrühren. Mit Salz, Pfeffer und Zitronenschale würzen. Wein
und Brühe zugießen, aufkochen und alles zugedeckt etwa 45 Minuten sanft schmoren lassen.

■ Etwa 15 Minuten vor Ende der Schmorzeit die Nudeln in
reichlich kochendem Salzwasser nach Packungsangabe bissfest
kochen. In ein Sieb abgießen, kurz abtropfen lassen und in den
Topf zurückgeben. Butter und Petersilie untermischen. Den Wild-
schwein-Sugo abschmecken und mit den Nudeln anrichten.

TIPPS

Nach Belieben
frisch geriebenen
Hartkäse wie Peco-
rino oder Parmesan
dazu servieren.

Als Vorspeise reicht
diese Menge für
6 bis 8 Portionen.

Wildschweinsauerbraten

TIPPS

Das Fleisch sollte ganz mit Marinade bedeckt sein. Hilfreich ist, den Braten in eine enge Schüssel zu legen.

Soßenlebkuchen oder Soßenkuchen sind einfache schwach gesüßte Lebkuchen, die dunkle Braten- und Wildsoßen verfeinern und vor allem binden. Am besten zerbröselt oder klein gewürfelt in die Soße geben.

FÜR 4 PORTIONEN

Bitte beachten:
Fleisch muss 3 Tage marinieren

2 Gewürznelken
1 TL Wacholderbeeren
1 TL schwarze Pfefferkörner
1 Möhre
100 g Stangensellerie
2 Zwiebeln
1,2 kg parierte Wildschweinschulter ohne Knochen
je 1 Zweig Rosmarin und Thymian

2 Lorbeerblätter
1 l trockener kräftiger Rotwein (z.B. Spätburgunder)
¼ l Rotweinessig
2 EL Butterschmalz
Salz, Pfeffer aus der Mühle
1 EL Apfelkraut
60–70 g Soßenlebkuchen
2–3 EL Rosinen

■ Trockene Gewürze in ein Mullsäckchen füllen. Möhre, Sellerie und Zwiebeln putzen, klein schneiden. Fleisch und vorbereitete Zutaten mit Kräutern, Wein und Essig in eine Schüssel geben. Zugedeckt im Kühlschrank 3 Tage marinieren, dabei täglich wenden.

■ Fleisch aus der Marinade heben, trocken tupfen. Marinade durch ein Sieb gießen, Lorbeer und Gewürzsäckchen entfernen. Butterschmalz in einem Bräter erhitzen, Fleisch darin kräftig anbraten, salzen, pfeffern und herausheben.

■ Gemüse und Kräuter aus der Marinade in den Bräter geben, kurz anrösten. Apfelkraut unterrühren, kurz karamellisieren. Soßenlebkuchen, Rosinen und ½ l Marinade zugeben, aufkochen.

■ Dann das Fleisch einlegen, zugedeckt bei schwacher Hitze in etwa 2 Stunden butterweich schmoren. Herausheben, die Soße durchseihen, mit Salz und Pfeffer abschmecken.

Nachhaltige Nutzung

Es gehört seit jeher zu den Bedürfnissen des Menschen, die Natur zu nutzen, den Wald ebenso, wie Wiesen und Felder. Eine spezielle Form der Landnutzung ist die Jagd. Die Jäger „ernten" das Wildbret, ein erstklassiges, unbelastetes Lebensmittel, das auf natürliche Weise gewachsen ist und wieder nachwächst. Eine nachhaltige Jagd ist Teil des Naturschutzes.

Die Jäger bejagen nur Tierarten, die in ausreichender Zahl in ihrem Revier vorhanden und nicht in ihrem Bestand gefährdet sind. Bei Reh, Hirsch und Co., den sogenannten Schalenwildarten, schreiben die Landratsämter die Zahl der zu erlegenden Tiere vor. Darüber hinaus gibt es gesetzlich vorgeschriebene Jagd- und Schonzeiten, die dazu dienen, den Wildtieren Zeit zu geben, in Ruhe ihren Nachwuchs zu setzen und aufzuziehen. Außerdem soll in Notzeiten, in denen die Wildtiere kaum mehr etwas zu fressen finden und auf artgerechte Zufütterung angewiesen sind, die Jagd ruhen. Am Ende des Sommers sind fast alle Tierarten mit der Jungenaufzucht fertig und noch im Revier unterwegs. Dann beginnt die Hauptsaison in der Jagd, um den vorgeschriebenen Abschussplan zu erfüllen. Den Jägern ist es ein Anliegen, die Bestände nachhaltig zu schützen und zu erhalten. Begriffe wie Nachhaltigkeit mögen neuzeitlich klingen, für den Jäger sind sie längst ein maßgebliches Credo.

Aber warum braucht es überhaupt den Jäger? Ist es nicht besser, die Natur und somit das Wild der freien Entwicklung zu überlassen? Die Zeiten, als uns noch wilde, urwüchsige Natur umgeben hat, sind längst vorbei, zumindest in Mitteleuropa. Die Wildnis ist passé, die Natur hat sich durch den Einfluss des Menschen stark verändert. Die Länder sind dicht besiedelt, Industriegebiete säumen die Straßenränder. Und dort, wo nicht gerade gebaut wird, werden die Flächen intensiv landwirtschaftlich genutzt. Der Blick aus dem Fenster genügt in der Regel, um diese Entwicklung verfolgen zu können. In einer vom Menschen geprägten Landschaft bleibt immer weniger Platz für die Wildtiere.

Die Jagd ist heute ein bürgerschaftliches Engagement, um wirtschaftliche Schäden in Land- und Forstwirtschaft abzuwenden. Die Jäger helfen mit, Tierseuchen abzuwenden wie die Schweinepest oder die Tollwut. Mit der Verbesserung von Biotopen, der Anlage etwa von Blühstreifen und der Bejagung von tierischen Räubern tragen die Jäger dazu bei, seltenen Tierarten das Überleben zu sichern.

Rahmgeschnetzeltes vom Wildschwein

TIPPS

Dazu schmecken Kartoffelpüree, Kartoffelrösti, Bandnudeln oder auch kleine Semmelknödel.

Das Geschnetzelte lässt sich auch gut mit Filet von Reh, Hirsch oder Gams zubereiten.

FÜR 4 PORTIONEN

600 g pariertes Wildschweinfilet
250 g beliebige Wald- oder Zuchtpilze
1 EL Zitronensaft
2 Lauchzwiebeln
2 zarte Stangen Staudensellerie
100 g gegarte Rote Bete
1 EL Öl
1 EL Butter

150 ml Wildbrühe (Rezept Seite 38 oder Wildfond aus dem Glas)
200 g Schlagsahne
2 TL Honig-Senf
2 EL gehackte Petersilie
Salz, Pfeffer aus der Mühle
1 Prise Zucker

■ Filet quer zur Faser in dünne Scheiben, dann in Streifen schneiden. Pilze putzen, in Scheiben schneiden und mit dem Zitronensaft mischen. Lauchzwiebeln und Staudensellerie putzen und leicht schräg in Scheiben schneiden. Rote Bete klein würfeln.

■ In einer Pfanne Öl und Butter erhitzen. Das Fleisch darin portionsweise bei starker Hitze anbraten, bis es leicht gebräunt ist. Herausheben und in einem Sieb über einer Schüssel abtropfen lassen.

■ Pilze, Lauchzwiebeln und Sellerie im Bratfett andünsten. Mit der Brühe ablöschen. Sahne und abgetropften Fleischsaft angießen, aufkochen und sämig einkochen lassen. Petersilie einrühren. Soße mit Senf, Salz, Pfeffer und Zucker abschmecken. Fleischstreifen in die Soße geben und heiß werden lassen. Geschnetzeltes anrichten und mit Rote-Bete-Würfeln bestreuen.

Wildente mit Orangensoße

TIPPS

Für die Garprobe das dicke Ende eines Schenkels einstechen. Ist der austretende Fleischsaft klar, ist die Ente gar.

Wer mag, kann in den letzten 10 Minuten der Schmorzeit noch 300 g geputzte Zuckerschoten oder Apfelspalten zu den Enten geben.

FÜR 4 PORTIONEN

2 küchenfertige Wildenten à 800–900 g
Salz, Pfeffer aus der Mühle
1 Bund Thymian
3 Orangen (davon 1 Bio)
4 Schalotten
1 EL Butterschmalz
100 ml trockener Weißwein
¼ l Entenfond (Glas)
1 TL fein geriebener Ingwer
2 Stück Sternanis
3 Lorbeerblätter
1 EL Orangenmarmelade
1–2 TL Speisestärke

■ Enten waschen und trocken tupfen. Salzen, pfeffern und mit je ½ Bund Thymian füllen. Bio-Orange heiß waschen, die Schale dünn abschneiden. Alle Orangen auspressen. Schalotten abziehen, vierteln.

■ Backofen auf 200 °C vorheizen. Butterschmalz in einem großen Bräter erhitzen. Enten darin rundum anbraten. Bratensatz mit Wein, Fond und Orangensaft ablöschen. Ingwer, Orangenschale und Gewürze zufügen. Flüssigkeit aufkochen. Enten im Ofen offen in etwa 1 Stunde gar schmoren, dabei ab und zu mit dem Bratenfond beschöpfen.

■ Enten aus dem Bräter heben, warm stellen. Soße durch ein Sieb gießen, entfetten und um etwa ein Drittel einkochen. Marmelade einrühren. Stärke mit etwas kaltem Wasser anrühren, die Soße damit binden. Mit Salz und Pfeffer abschmecken. Zum Servieren die Enten jeweils längs halbieren.

Feldhasenfilet mit Kartoffelrösti

Prof. Dr. Jürgen Vocke

FÜR 4
PORTIONEN

FÜR DAS FLEISCH
ausgelöste Filets
von 2 Feldhasen-
rücken (pariert)
Salz, Pfeffer aus der
Mühle
1 TL scharfer Senf
2 Zweige Thymian
und Thymian zum
Garnieren
1 Möhre
1 Stück Knollensel-
lerie (ca. 100 g)
1 Knoblauchzehe
12 kleine Schalotten
2 EL Öl
3–4 Wacholderbee-
ren
½ l roter Portwein
1 EL Preiselbeeren
(aus dem Glas)
ca. ½ EL sehr kalte
Butter

FÜR DIE RÖSTI
800 g festkochen-
de Kartoffeln
Salz, Pfeffer aus der
Mühle
2–3 EL Öl zum
Braten

■ Die Hasenrückenfilets trocken tupfen, rundum mit Salz, Pfeffer und Senf würzen. Thymian waschen, trocken schütteln. Möhre und Sellerie schälen, beides fein würfeln. Knoblauchzehe und Schalotten abziehen.

■ Für die Rösti die Kartoffeln schälen, waschen und grob reiben. Die Masse leicht ausdrücken, die Flüssigkeit weggießen. Öl in einer beschichteten Pfanne erhitzen, kleine Küchlein aus der Kartoffelmasse hineinsetzen und leicht flachdrücken. Salzen und pfeffern. Rösti bei mittlerer Hitze von jeder Seite in etwa 4 Minuten goldbraun braten. Fertige Rösti warmhalten.

■ Öl in einer großen Pfanne erhitzen. Die Filets mit Thymian, Knoblauch und Wacholder anbraten, bis das Fleisch rundum gebräunt ist. Filets aus der Pfanne heben, warm stellen. Möhre, Sellerie und Schalotten im verbliebenen Bratfett anrösten. Mit Wein ablöschen und auf die Hälfte einkochen. Preiselbeeren unterrühren. Zum Binden die Butter in kleinen Stücken unterschlagen. Soße mit Salz und Pfeffer abschmecken.

■ Die Hasenrückenfilets jeweils diagonal durchschneiden. Mit Schalotten, Soße und Rösti anrichten und mit Thymian garniert servieren.

Prof. Dr. Jürgen Vocke, seit 1994 Präsident des Bayerischen Jagdverbandes. Er studierte Jura, war Richter am Finanzgericht und von 1998 bis 2008 Landtagsabgeordneter.

Ludwig von Wildungen wusste:
„Menschen, Hunde, Wölfe, Lüchse,
Katzen, Marder, Wiesel, Füchse,
Adler, Uhu, Rabenkrähen,
Jeder Habicht, den wir sehen,
Elstern auch nicht zu vergessen,
Alles, alles, will ihn fressen."

Wir gönnen diesen „Räubern" ihren Braten, aber lieber haben wir ihn selber in der Pfanne.

Feldhasenkeule auf Honiggemüse

FÜR 4 PORTIONEN

4 küchenfertige
Feldhasenkeulen
800 g gemischtes
Gemüse (z. B. kleine
Möhren, Fenchel,
Pastinaken, Steck-
rüben)
2 EL Butterschmalz
Salz, Pfeffer aus der
Mühle
8 Scheiben Früh-
stücksspeck
¼ l Weißwein
¼ l Wildbrühe (Re-
zept Seite 38 oder
Wildfond aus dem
Glas)
2 EL Sultaninen
1 Stück Bio-
Zitronenschale
2 Zweige Majoran
1 EL Crème fraîche
1 EL heller Bienen-
honig (z. B. Akazien-
honig)

■ Die Hasenkeulen waschen und trocken tupfen. Gemüse putzen, waschen und in mundgerechte Stücke schneiden. Butterschmalz in einem Bräter erhitzen, die Keulen darin portionsweise
rundum kräftig anbraten. Aus dem Bräter heben, jeweils salzen
und pfeffern und mit 2 Speckscheiben umwickeln.

■ Vorbereitetes Gemüse im verbliebenen Bratfett andünsten.
Leicht salzen und pfeffern. Wein und Brühe zugießen, aufkochen
lassen. Sultaninen, Zitronenschale und Majoran unterrühren. Keulen auf das Gemüse legen und zugedeckt bei kleiner Hitze etwa
1 ½ Stunden schmoren, bis das Fleisch fast vom Knochen fällt.

■ Hasenkeulen aus dem Bräter heben und warm stellen. Crème
fraîche und Honig in einem Topf erhitzen, zum Gemüse gießen.
Abschmecken. Das Gemüse nach Belieben mit etwas in kaltem
Wasser angerührter Stärke binden.

TIPPS

Zum Servieren der
Keulen den Speck
entfernen. Das
Fleisch in großen
Stücken von den
Knochen lösen und
auf dem Gemüse
anrichten.

Wer das Gemüse
lieber knackiger
isst, schmort die
Keulen mit ½ Bund
gewürfeltem Sup-
pengemüse und
dünstet Möhren,
Fenchel & Co.
separat.

Leichtes für Zwei

Zu zweit zu Hause schlemmen ist beliebter denn je. Und wer sich mit unkomplizierten und dennoch raffinierten Gerichten verwöhnen möchte, liegt hier genau richtig. Denn mit dem zarten und fettarmen Fleisch von Wild und Wildgeflügel lassen sich abwechslungsreiche Leckerbissen auftischen, schnell und figurfreundlich. Für einen romantischen Paar-Abend ebenso wie für ein gemütliches Essen mit der besten Freundin oder dem besten Freund. Falls Sie das eine oder andere Lieblingsrezept dieses Kapitels auch mal für eine größere Runde zubereiten möchten: Die Zutatenmengen lassen sich einfach hochrechnen.

Wildkaninchen mit Gemüse aus dem Wok

TIPP

Pfannenrühren oder wokken ist das Braten im Wok bei hoher Temperatur und unter ständigem Rühren. Die Garmethode hat viele Vorteile: Aroma, Farbe und die knackige Konsistenz von Gemüse wie auch Vitamine und Mineralstoffe bleiben erhalten. Außerdem wird nur wenig Fett benötigt.

FÜR 2 PORTIONEN

200–250 g pariertes Wildkaninchenfleisch zum Kurzbraten
2 Möhren
1 Stange Lauch
1 Stück frischer Ingwer (ca. 2 cm)
1 Knoblauchzehe
100 ml Wildbrühe (Rezept Seite 38 oder Fleischbrühe)
3 EL helle Sojasoße
1 EL milder Essig
2 EL Erdnuss- oder Sonnenblumenöl
1 EL Cashewnusskerne (nach Belieben)
Salz, Pfeffer aus der Mühle

■ Das Kaninchenfleisch kalt abbrausen und trocken tupfen. Fleisch zuerst quer zur Faser in etwa ½ cm dünne Scheiben schneiden, dann in etwa ½ cm schmale Streifen. Möhren und Lauch putzen und waschen. Das Gemüse in dünne Scheiben schneiden, Ingwer schälen, Knoblauch abziehen, beides klein würfeln. Brühe mit Sojasoße und Essig verrühren.

■ Den Wok oder eine Pfanne mit hohem Rand aufheizen und das Öl darin erhitzen. Fleischstreifen darin 2 bis 3 Minuten pfannenrühren. Nusskerne, Möhre, Lauch, Ingwer und Knoblauch untermischen und 3 Minuten pfannenrühren.

■ Die angerührte Würzmischung zugießen, aufkochen lassen und alles zusammen noch etwa 1 Minute weiterrühren. Mit Salz und Pfeffer abschmecken. Dazu schmeckt Basmati-Reis.

Feldhasenrücken mit Wintergewürzen

TIPP

Als Beilage schmeckt das Wurzelgemüse aus alten Sorten (Rezept Seite 116)

FÜR 2 PORTIONEN

1 Stück Sternanis
2 grüne Karda-
momkapseln
2 Wacholderbeeren
2 Pimentkörner
½ TL schwarze
Pfefferkörner
1 kleine Knob-
lauchzehe
5 EL Raps- oder
Sonnenblumenöl
1 parierter Feld-
hasenrücken (ca.
500 g)
1 Stück Zimtstange
(ca. 2 cm)
2 TL gesalzene
Butter

■ Den Backofen auf 190 °C vorheizen. Sternanis und Kardamom aufbrechen und jeweils die kleinen Samen aus dem Innern herauslösen. Beides mit Wacholderbeeren, Piment- und Pfefferkörnern grob mörsern. Knoblauch abziehen, in möglichst dünne Scheiben schneiden.

■ In einem Bräter das Öl erhitzen. Den Hasenrücken darin beidseitig anbraten. Mit der Fleischseite nach oben legen und mit dem Gewürz-Mix bestreuen. Knoblauch darauf verteilen, das Zimtstück obenauf legen.

■ Hasenrücken im Ofen 10 bis 15 Minuten garen. Butter zum Bratfett geben. Mithilfe einer kleinen Kelle den Hasenrücken immer wieder mit dem heißen Fett begießen, bis er eine Kerntemperatur von 55 bis 57 °C erreicht hat.

■ Den Rücken herausheben, in Alufolie 5 Minuten ruhen lassen. Zum Servieren auslösen und mit der Bratfett-Gewürz-Mischung anrichten.

Fasanenbrust mit Süßkartoffel-Apfel-Gemüse

FÜR 2 PORTIONEN

2 ausgelöste, parierte Fasanenbrüste
Salz, Pfeffer aus der Mühle
4 dünne Scheiben frischer fetter Speck (z. B. Lardo)
½ TL frische Thymianblättchen
½ TL Anissamen
250 g orangefarbene Süßkartoffeln
2 Schalotten
1 säuerlicher Apfel (ca. 150 g)
1 EL Zitronensaft
1 EL Öl
1 EL Butter
100 ml Geflügelbrühe
½ TL Ahornsirup
1 Stück Vanilleschote (1–2 cm)
1 EL Butterschmalz
Cayennepfeffer

Ein herbstliches Highlight: Die zarte Fasanenbrust bekommt eine schützende Hülle, damit sie beim Garen schön saftig bleibt. Und das Gemüse überrascht den Gaumen durch Süßkartoffel und einen Hauch Anis.

■ Die Fasanenbrüste trocken tupfen, rundum leicht salzen und pfeffern. Jedes Brustfilet mit 2 Speckscheiben überlappend umwickeln. Eventuell mit Küchengarn festbinden. Die Thymianblättchen fein hacken. Anissamen im Mörser mittelfein zerdrücken.

■ Für das Gemüse die Süßkartoffeln schälen und waschen. Zuerst der Länge nach vierteln, dann in Scheiben schneiden. Schalotten abziehen, vierteln und in die einzelnen Schichten teilen. Den Apfel waschen, trocken reiben, vierteln und entkernen. Viertel in Spalten schneiden und sofort im Zitronensaft wenden.

■ Den Backofen auf 160 °C vorheizen. In einer großen Pfanne Öl und Butter erhitzen. Süßkartoffeln, Thymian und Schalotte farblos anschwitzen, bis die Kartoffeln fast gar sind. Die Apfelspalten und die Anissamen unterheben. Die Brühe angießen. Das Gemüse mit Salz, Pfeffer, Ahornsirup und Vanilleschote würzen. Zugedeckt bei schwacher Hitze fertig garen, bis die Apfelspalten bissfest sind, aber nicht zerfallen.

■ Während das Gemüse gart, in einer ofenfesten Pfanne das Butterschmalz erhitzen. Die Fasanenbrüste darin rundum in 2 Minuten kräftig anbraten. In der Pfanne auf den Rost in den Ofen stellen und etwa 6 bis 8 Minuten braten, bis das Fleisch eine Kerntemperatur von 56 bis 58 °C erreicht hat, dabei einmal wenden. Aus dem Ofen nehmen und noch kurz ruhen lassen.

■ Die Vanilleschote aus dem Gemüse entfernen. Gemüse mit einem Hauch Cayennepfeffer und Salz abschmecken. Die Fasanenbrüste aus dem Butterschmalz heben und mit dem Süßkartoffel-Apfel-Gemüse servieren.

TIPPS

Die Fasanenbrüstchen sollten innen noch leicht rosa sein, sonst ist das Fleisch zu trocken.

Es gibt keine ausgelösten Fasanenbrüste? Dann kaufen Sie welche mit Haut und Knochen. Zu Hause mit einem scharfen Messer, am besten mit einem Ausbein- oder Filiermesser, das Brustfleisch vom Kochen schneiden. Anschließend Haut und Sehnen vom Brustfilet entfernen.

Rehrückensteaks mit Johannisbeersoße

FÜR 2 PORTIONEN

250 g Johannis-
beeren (rote und
schwarze gemischt)
1 kleiner Zweig
Rosmarin
1 Schalotte
2 EL Butter
100 ml kräftiger
Rotwein
1 EL Zucker
Salz, Pfeffer aus der
Mühle
4 Rehrückensteaks
à 60–70 g
1 EL Öl

■ Für die Soße die Johannisbeeren verlesen, waschen und mit einer Gabel von den Rispen streifen. Rosmarinzweig waschen. Die Schalotte abziehen und sehr fein würfeln.

■ In einem Topf 1 EL Butter aufschäumen. Schalotte, Rosmarin und Beeren darin andünsten. Wein zugießen und Zucker unterrühren. Die Soße offen 10 Minuten köcheln lassen. Den Rosmarin entfernen. Die Soße mit Salz und Pfeffer abschmecken.

■ Rehrückensteaks rundum mit Salz und Pfeffer würzen. Je 1 EL Butter und Öl in einer Pfanne erhitzen. Die Steaks darin bei mittlerer Hitze 2 bis 3 Minuten pro Seite braten, bis zu einer Kerntemperatur von 55 °C. Vom Herd nehmen und zugedeckt noch 3 bis 5 Minuten ziehen lassen. Die Rehrückensteaks mit der Johannisbeersoße anrichten.

TIPPS

Wer nicht auf die Kerne der Johannisbeeren beißen möchte, streicht die Soße vor dem Servieren durch ein Sieb.

Im Herbst können Sie die Soße auch mit frischen Preiselbeeren oder Cranberrys zubereiten.

Hirschmedaillons mit Feige und Gorgonzola

FÜR 2 PORTIONEN

1 Bund Lauchzwie-
beln
Salz, Pfeffer aus der
Mühle
2–3 reife blaue
Feigen
60 g Gorgonzola
dolce
300 g Hirschfilet
(vom Metzger in
4 cm dicke Me-
daillons schneiden
lassen)
2 EL Olivenöl
100 ml Wildbrühe
(Rezept Seite 38
oder Fond aus dem
Glas)

■ Den Backofen auf 200 °C vorheizen. Lauchzwiebeln waschen, putzen und der Länge nach halbieren. In Salzwasser 2 Minuten blanchieren, abschrecken und abtropfen lassen, dann salzen und pfeffern. Feigen waschen, trocken tupfen und ungeschält in dicke Scheiben schneiden. Den Gorgonzola in Stücke teilen.

■ Die Hirschmedaillons salzen und pfeffern. In einer Pfanne das Öl erhitzen. Die Medaillons darin 2 bis 3 Minuten pro Seite anbraten. Dann nebeneinander in eine flache ofenfeste Form setzen.

■ Bratensatz mit Brühe loskochen und durch ein Sieb in die Form gießen. Lauchzwiebeln um das Fleisch herum verteilen. Feigen und Käse auf dem Fleisch verteilen. Medaillons im Ofen (Mitte) etwa 3 Minuten überbacken (Kerntemperatur 55 bis 60 °C). Vor dem Servieren kurz ruhen lassen.

TIPP

Dazu schmecken kleine gebratene Pellkartoffeln oder Bandnudeln.

Rehschnitzel mit Nusskruste

FÜR 2 PORTIONEN

4 Rehschnitzel aus
der Keule à ca. 80 g
1 Pimentkorn
1 Wacholderbeere
Salz
1 EL Nussöl
50 g Hasel- oder
Walnusskerne
2 EL Mehl
1 Ei
50 g Semmelbrösel
2–3 EL Butter-
schmalz

Schnitzel lieben alle. Vor allem, wenn sie außen schön kross und innen wunderbar saftig sind. Diese hier mit der nussigen Kruste sind ganz besonders fein.

■ Die Rehschnitzel plattieren. Bei sehr dünnen Schnitzeln genügt das Flachdrücken mit dem Handballen. Pimentkorn und Wacholderbeere in einem Mörser sehr fein zerstoßen, mit etwas Salz und dem Öl vermischen. Rehschnitzel mit dem Würzöl beidseitig dünn bestreichen.

■ Die Nusskerne nicht zu fein hacken. Mehl in einen Teller füllen. Ei in einem zweiten aufschlagen und mit einer Gabel verquirlen. Nüsse und Semmelbrösel in einem dritten Teller vermischen.

■ Die Rehschnitzel zuerst von beiden Seiten ins Mehl drücken und überschüssiges Mehl abschütteln. Fleisch dann durchs Ei ziehen und zum Schluss in dem Nuss-Semmelbrösel-Gemisch wenden. Die Panade nicht andrücken.

■ Reichlich Butterschmalz in einer großen Pfanne erhitzen. Die Rehschnitzel hineinlegen und bei starker Hitze von jeder Seite in 2 Minuten goldgelb und knusprig braten. Herausheben, auf Küchenpapier abtropfen lassen und heiß mit Kartoffel-Wirsing-Stampf servieren.

TIPPS

Um das Nussaroma zu verstärken, die gehackten Nüsse in einer beschichteten Pfanne ohne Fett kurz anrösten, aus der Pfanne nehmen und abkühlen lassen.

Zu den Schnitzeln schmeckt besonders gut ein Kartoffel-Wirsing-Stampf (Rezept unten).

Kartoffel-Wirsing-Stampf

FÜR 2 PORTIONEN

300 g mehlig kochende Kartoffeln
Salz, Pfeffer aus der
Mühle
400 g Wirsing
1 kleine Zwiebel
1 EL Weißweinessig
½ TL scharfer Senf
1–2 EL Rapsöl
50–100 ml warme
Milch

■ Kartoffeln schälen, halbieren und in Salzwasser in ca. 20 Minuten weich kochen. Inzwischen den Wirsing putzen, äußere Blätter und Strunk entfernen. Die Blätter waschen, in fingerbreite kurze Streifen schneiden und in Salzwasser in ca. 8 Minuten bissfest garen.

■ Zwiebel schälen und möglichst klein würfeln. Aus Essig, Senf, Salz, Pfeffer und Öl eine Marinade rühren. Wirsing abgießen und abtropfen lassen. Mit Zwiebelwürfeln und Marinade vermischen.

■ Kartoffel abgießen, kurz ausdampfen lassen und grob zerstampfen. Wirsing unter die Kartoffeln heben. Esslöffelweise Milch unterrühren, bis die Konsistenz cremig ist. Kräftig mit Salz und Pfeffer abschmecken.

TIPP

Statt Wirsing 300 g Frisée- oder Endiviensalat nehmen. Salat putzen, waschen und in feine kurze Streifen schneiden. Den Salat mit Zwiebeln und Marinade mischen und unter die gestampften Kartoffeln rühren.

Wildschwein-saltimbocca

TIPP

Frische Lorbeerblätter finden Sie in gut sortierten Gemüseläden oder auf dem Markt. Die Blätter an den Rändern leicht einreißen, so kann sich das Aroma besser entfalten. Frische Lorbeerblätter halten sich in ein feuchtes Tuch gewickelt einige Wochen im Gemüsefach des Kühlschranks.

FÜR 2 PORTIONEN

300 g Wildschwein-rückenfilet (daraus 6 dünne Schnitzelchen schneiden lassen)
Salz, Pfeffer aus der Mühle
3 Scheiben roh geräucherter Schinken (ohne Fettrand)
6 frische Lorbeerblätter oder große Salbeiblätter
1 kleine rote Zwiebel
1 kleine Quitte
1 EL Zitronensaft

1 EL Butter
2 EL Olivenöl
100 ml Orangensaft (am besten frisch gepresst)
¼ TL Chilipulver
Außerdem: kleine Holzspieße (Zahnstocher)

■ Schnitzel plattieren, beidseitig leicht pfeffern. Schinkenscheiben quer halbieren. Lorbeer- oder Salbeiblätter waschen und trocken tupfen. Schnitzel auf einer Seite mit je 1 Schinkenscheibe und je 1 Kräuterblatt belegen, beides mit Holzspießen feststecken.

■ Zwiebel abziehen, in feine Streifen schneiden. Quitte schälen, vierteln, entkernen und grob würfeln. Mit Zitronensaft mischen. Butter erhitzen, Zwiebel und Quitte darin 3 bis 4 Minuten braten. Salzen und pfeffern.

■ Öl erhitzen. Schnitzel darin mit der Schinkenseite nach unten bei mittlerer Hitze 2 Minuten braten. Umdrehen und noch einmal 1 Minute braten. Herausheben und warm halten.

■ Den Bratensatz mit Orangensaft loskochen. Zwiebel-Quitten-Mischung zufügen und Chilipulver einrühren. Die Soße aufkochen und abschmecken. Saltimbocca damit servieren. Dazu schmeckt Bohnengemüse.

Blitzrouladen
mit Hirschfilet

TIPPS

Beim Belegen der Fleischscheiben rundum einen etwa 1 cm breiten Rand lassen. Die freien Ränder nach innen über die Füllung einklappen.

Zum Fixieren können Sie auch Zahnstocher verwenden oder die Rouladen mit Küchengarn verschnüren.

FÜR 2 PORTIONEN

4 Scheiben Hirschfilet aus der Mitte geschnitten (insgesamt 250–300 g)
Salz, Pfeffer aus der Mühle
1 EL mittelscharfer Senf
2 Lauchzwiebeln
4 dünne Scheiben roher Schinken
4 Cornichons
1 Schalotte
1 EL Öl
½ TL Tomatenmark

150 ml Wildbrühe (Rezept Seite 38 oder Fond aus dem Glas)
50 g saure Sahne
1 TL gereifter Aceto Balsamico
Außerdem: Rouladennadeln

■ Die Hirschfiletscheiben jeweils zwischen Frischhaltefolie plattieren. Die Oberseiten salzen, pfeffern und mit Senf bestreichen. Lauchzwiebeln putzen, waschen und in kurze feine Streifen schneiden. Fleischscheiben jeweils mit Schinken, Cornichons und Zwiebelstreifen belegen. Von der Schmalseite her aufrollen und mit Rouladennadeln fixieren. Außen leicht salzen und pfeffern.

■ Schalotte abziehen und klein würfeln. Öl erhitzen und die Rouladen darin rundum anbraten. Zwiebelwürfel zufügen und kurz mitbraten. Tomatenmark einrühren, dann die Brühe angießen. Aufkochen und die Rouladen bei kleiner Hitze zugedeckt 4 bis 5 Minuten schmoren.

■ Rouladen herausheben. Die saure Sahne in die Soße rühren. Soße mit Salz, Pfeffer und Essig abschmecken. Vor dem Servieren die Nadeln aus dem Fleisch ziehen.

Wildentenbrust in Espressosoße

Haralds Klavinius

Der Karikaturist Haralds Klavinius hat 2010 den Kulturpreis des Bayerischen Jagdverbands erhalten. Seine weithin bekannten, humorvollen aber auch durchaus kritischen Karikaturen haben nach Ansicht des BJV zum positiven Bild der Jagd in Presse und Öffentlichkeit beigetragen.

■ Die Entenbrustfilets kurz unter fließendem Wasser waschen und trocken tupfen.

■ Zwiebeln abziehen und fein würfeln. In einer großen Pfanne mit hohem Rand Butter und Olivenöl erhitzen. Die Zwiebeln darin andünsten bis sie leicht Farbe angenommen haben. Entenbrustfilets dazugeben, auf beiden Seiten goldbraun anbraten. Aus der Pfanne heben, beiseite stellen.

■ Den Bratensatz unter Rühren mit Portwein ablöschen, dann Pflaumensaft und Espresso angießen. Pflaumen und Thymian dazugeben. Die Soße etwa 20 bis 25 Minuten bei kleiner Hitze einkochen lassen. Mit Salz und Pfeffer würzen.

■ Die Entenbrüste in die Soße legen und in 4 bis 6 Minuten zartrosa fertig garen. Beim Einstechen ist der austretende Fleischsaft dann hellrosa. Entenbrustfilets schräg in Scheiben schneiden. Mit Pflaumen und Espressosoße anrichten und mit Petersilie bestreut servieren.

TIPP

Dazu schmecken Bandnudeln, am besten frische und selbst gemachte, oder Couscous.

Die Weinempfehlung: ein Barolo aus Italien oder ein Rioja Reserva aus Spanien.

FÜR 4 PORTIONEN

4 küchenfertige Wildentenbrust-filets
2 mittelgroße Zwiebeln
2 EL Butter
1 EL Olivenöl
¼ l Portwein
⅛ l Pflaumensaft
⅛ l frisch gebrühter Espresso
12 Backpflaumen ohne Stein
2 TL getrockneter Thymian
Salz, schwarzer Pfeffer aus der Mühle
2 EL gehackte, glatte Petersilie

In Weinsud pochierte Wildentenbrust

FÜR 2 PORTIONEN

je 2 Zweige Rosma-
rin und Thymian
1 Lorbeerblatt
3 Pimentkörner
½ TL Koriandersa-
men
1/3 Zimtstange
1 Stück Sternanis
300 ml kräftiger,
trockener Rotwein
1 Wildentenbrustfi-
let von ca. 350 g
Salz, Pfeffer aus der
Mühle
1 rote Zwiebel
1 EL Butterschmalz
100 ml Gemüse-
brühe
½ TL Speisestärke
20 g kalte Butter
(gewürfelt)

Butterzart und würzig wird das Fleisch durch diese äußerst sanfte Garmethode. Für feines Aroma sorgen Rotwein, Kräuter und Gewürze. Ein Gedicht!

■ Für den Weinsud Rosmarin und Thymian waschen, trocken schütteln und in Stücke teilen. Das Lorbeerblatt in Stücke brechen. Piment und Koriander mit der Breitseite des Messers anquetschen. Alle vorbereiteten Zutaten mit Zimt, Sternanis und Wein in einen Topf geben. Aufkochen und offen bei starker Hitze auf etwa die Hälfte der Weinmenge einkochen.

■ Inzwischen von der Entenbrust behutsam die Haut ablösen, beiseite stellen. Das Brustfleisch trocken tupfen, salzen und pfeffern. Die Zwiebel abziehen, halbieren und längs in dünne Streifen schneiden.

■ Butterschmalz in einem kleinen Schmortopf erhitzen. Darin die Entenbrust von jeder Seite 1 Minute anbraten, herausheben. Zwiebel im Bratfett glasig dünsten. Die Brühe zugießen. Den Weinsud durch ein Sieb in den Topf gießen, salzen, pfeffern und wieder aufkochen.

■ Wildentenbrust in den Sud legen. Die Temperatur herunterschalten, sodass der Sud gerade nicht mehr kocht. Entenbrust darin rosa garen (bis zu einer Kerntemperatur von 60 bis 62 °C).

■ Inzwischen die Entenhaut würfeln und in einer Pfanne knusprig braten, leicht salzen. Entenbrust aus dem Sud heben und in Alufolie gewickelt kurz ruhen lassen. Sud durch ein Sieb in einen zweiten Topf gießen. Die Zwiebeln aus dem Sieb nehmen, warm stellen. Sud aufkochen, mit angerührter Stärke binden und die kalte Butter unterschlagen. Die Soße eventuell mit Salz und Pfeffer nachwürzen.

■ Die Wildentenbrust in Scheiben schneiden, mit den Zwiebeln und der Soße anrichten und mit den knusprigen Hautwürfeln bestreut servieren. Dazu schmecken Nuss-Topfen-Spätzle (Rezept Seite 114) und Blumenkohlgemüse.

TIPP

Das Geheimnis beim Pochieren sind milde Hitze und ein kräftiger Sud. Beim besonders schonenden Garziehen in aromatischer Flüssigkeit mit Gewürzen liegt die Temperatur knapp unter dem Siedepunkt. Das Fleisch wird in den kochenden Sud gelegt und die Hitze soweit reduziert, dass nur kleine Bläschen nach oben steigen.

Hirschkotelett mit Kartoffel-Linsen-Salat

FÜR 2 PORTIONEN

80 g kleine schwarze Linsen (z.B. Belugalinsen)
300 g kleine, festkochende Kartoffeln (z.B. Drillinge)
Salz, Pfeffer aus der Mühle
2–3 EL heller Essig (z.B. Himbeeressig)
2–3 EL Sonnenblumenöl
1 Schalotte
¼ l Gemüsebrühe
2–4 Hirschkoteletts (je nach Größe, insgesamt 600–700 g)
1 EL Butterschmalz
2 EL Schnittlauchröllchen

■ Linsen verlesen, im Sieb abbrausen. Kartoffeln ungeschält in Salzwasser garen.

■ Aus 2 EL Essig, etwas Salz, Pfeffer und Öl eine Marinade rühren. Die Schalotte abziehen, sehr fein würfeln und untermischen.

■ 160 ml Brühe aufkochen, die Linsen darin zugedeckt 15 bis 20 Minuten köcheln, bis sie weich sind, aber nicht zerfallen. Im Sieb abtropfen lassen. Den Backofen auf 180 °C vorheizen.

■ Koteletts leicht plattieren. Mit Salz und Pfeffer würzen. In einer Pfanne im heißen Butterschmalz beidseitig anbraten. Im Backofen in etwa 10 Minuten fertig garen.

■ Restliche Brühe erhitzen. Kartoffeln abgießen, pellen, in Scheiben schneiden und mit Brühe übergießen. Mit Linsen, Schnittlauch und Marinade kurz und locker vermengen. Salat mit Salz, Pfeffer und übrigem Essig abschmecken. Mit den Koteletts servieren.

TIPP

Linsen vor dem Kochen nicht einweichen. Bis auf die großen brauen Sorten (Tellerlinsen) sind alle Linsen so klein und zart, dass sie je nach Sorte in 10 bis 30 Minuten gar werden. Linsen immer ohne Salz und Säuren (Essig, Zitronensaft) garen, sonst bleiben sie hart.

Gebratene Rehleber mit karamellisierten Äpfeln

Hubert Müller-Bauer

FÜR 2 PORTIONEN

250–300 g küchen-
fertige Rehleber
1 Zwiebel
1–2 kleine, säuerli-
che Äpfel
2 EL Zucker
5 EL Weißwein
Öl zum Braten
1 Zweig Thymian
2 EL Mehl zum
Wenden
Salz, Pfeffer aus der
Mühle
etwas Crema di
Balsamico (nach
Belieben)
1 EL Butter

■ Eventuell noch vorhandene Silberhäutchen an der Leber behutsam entfernen. Leber in etwa 1 cm dicke Scheiben schneiden,
trocken tupfen. Zwiebel abziehen und in möglichst dünne Scheiben schneiden.

■ Äpfel schälen, halbieren und entkernen. Apfelhälften in dicke
Spalten schneiden. Zucker in einer Pfanne erhitzen und leicht karamellisieren lassen. Apfelspalten darin wenden, mit Wein ablöschen und zugedeckt etwa 3 Minuten garen.

■ In einer zweiten Pfanne reichlich Öl erhitzen. Thymian und
Zwiebel hineingeben, bei mittlerer Hitze die Zwiebel goldgelb
werden lassen. An den Pfannenrand schieben. Die Leberscheiben
in Mehl wenden, überschüssiges Mehl abschütteln. Scheiben in
der Pfanne von jeder Seite 1 bis 2 Minuten goldbraun braten. Salzen, pfeffern und mit etwas Crema di Balsamico ablöschen.

■ Butter zu den Äpfeln geben, schmelzen lassen. Gebratene Rehleber mit Zwiebeln und karamellisierten Äpfeln anrichten. Dazu
schmecken Salat und Brot oder Kartoffeln in allen Variationen.

TIPP

Auch Leber von Hirsch oder Gams lassen sich auf diese Weise
zubereiten.

Hubert Müller-
Bauer ist Inhaber
der Filz und Loden
Manufaktur Hu-
bertus, zu finden
auch am Münchner
Viktualienmarkt.

*„Das Rezept stammt
von meinem Freund
Norbert Polster,
einem Spitzenkoch
aus dem Fränki-
schen.
Wenn die Zutaten
stimmen, dann ist
Kochen eine ganz
einfache Sache!"*

Beilagen
& Beigaben

Zu unseren Wildgerichten gibt es eine Vielzahl köstlicher Ergänzungen. Eine oder manchmal auch zwei davon unterstützen den Fleischgenuss auf wunderbare Weise. Alle Rezepte haben das gewisse Etwas. Von einer neuen Seite zeigen sich Kartoffeln, Graupen, Knödel und Spätzle. Frisches Gemüse wie Kohl, Kürbis, Sellerie und Wurzelgemüse präsentieren sich mit nicht alltäglichen Akzenten. Aber damit nicht genug, herrlich aromatisch sind auch die selbst gemachten Beigaben wie Pesto, Chutney, Ketchup und Eingelegtes. Und das Beste: Beilagen wie Beigaben können nach Lust und Laune zu den Wildgerichten kombiniert werden.

Sie machen den Genuss komplett

Klar, das zarte Fleisch und die aromatischen Soßen sind die Stars auf dem Teller. Nicht unterschätzen sollte man allerdings die wunderbar delikaten Beilagen und Beigaben. Sie runden ein Essen perfekt ab.

Sämtliche Beilagen dieses Kapitels passen zu allen Wildrezepten. Die Auswahl ist also eine Sache des individuellen Geschmacks und der persönlichen Vorlieben. Beim Blättern im Buch finden Sie noch eine Reihe weiterer Rezepte zu diesem geschmackvollen Thema. Sie können natürlich auch Ihre erprobten Familienrezepte zum Fleisch servieren oder sich beim Einkaufen inspirieren lassen und je nach Jahreszeit und Marktangebot eigene neue Beilagenrezepte kreieren.

Kulinarische Beigaben haben immer einen besonderen Reiz, denn mit ihrem überraschenden Aromaspiel veredeln die raffinierten Kleinigkeiten alle Wildgerichte. Chutney, Pesto, Ketchup, Aromabutter und Eingelegtes könnte man einfach fertig kaufen. Aber selbst gemacht und individuell gewürzt, haben Sie nun einmal das gewisse Etwas. Einige der Beigaben können Sie je nach Saison auf Vorrat zubereiten, Bärlauchpesto und Tomaten-Nuss-Pesto beispielsweise. Andere sollten bis zum Verzehr ohnehin einen Tag oder länger durchziehen wie Balsamicoschalotten und eingelegte Rotweinfeigen, ebenso süßsaure Waldbrombeeren und der Cranberryketchup. Frisch zubereitet schmecken am besten das scharfe Ananas-Chutney sowie die Blütenbutter.

Schnelles Kartoffel-Rosenkohl-Gratin

FÜR 4 PORTIONEN

1 Knoblauchzehe
(nach Belieben)
50 g Butter
200 g Schlagsahne
100 ml Milch
Salz, Pfeffer aus der
Mühle
frisch geriebene
Muskatnuss
350 g Rosenkohl
650 g vorwiegend
festkochende Kar-
toffeln
Außerdem: eine
flache weite Gratin-
form

■ Knoblauch halbieren und die Gratinform damit ausreiben. Die Form leicht buttern. Sahne mit Milch mischen und mit Salz, Pfeffer und etwas Muskat so würzen, dass die Mischung leicht überwürzt schmeckt. Den Backofen auf 200 bis 220 °C vorheizen.

■ Rosenkohl waschen, alle welken Blätter und den Strunkansatz abschneiden. Kohlröschen in möglichst dünne Scheiben schneiden. Kartoffeln schälen, waschen, in dünne Scheiben hobeln oder schneiden.

■ Kartoffeln und Rosenkohl lagenweise und dachziegelartig in die Form schichten. Die Sahnemischung seitlich zugießen. Übrige Butter in Flöckchen auf der Oberfläche verteilen. Gratin in der Form auf der Herdplatte aufkochen. Anschließend im vorgeheizten Ofen (Mitte) etwa 25 Minuten garen, bis die Kartoffeln weich sind und die Oberfläche gebräunt ist.

TIPPS

Das Aufkochen des Gratins auf der Herdplatte ist wichtig, weil es die Garzeit um etwa 15 Minuten verkürzt.

Anstelle von Rosenkohl schmecken auch Lauchringe, Kürbisscheiben oder dünne Apfelspalten.

Brezenknödelrolle

FÜR 4–6
PORTIONEN

500 g Laugenbre-
zen (1–2 Tage alt,
ohne Salz)
¼ l Milch
1 kleine Zwiebel
2 EL Butter
1–2 EL fein gehack-
te Petersilie
3 Eier (Größe M)
1–2 TL Brotgewürz
(nach Belieben)
Salz, Pfeffer aus der
Mühle
Außerdem: extra-
starke Alufolie

■ Brezen in dünne Scheiben schneiden. Milch erhitzen, über die Brezen gießen, vermischen und 30 Minuten ziehen lassen.

■ Zwiebel abziehen, fein würfeln und in 1 EL heißer Butter glasig dünsten. Petersilie unterrühren, abkühlen lassen. Zwiebel und Eier zu den Brezen geben. Mit Brotgewürz, Salz und Pfeffer würzen. Alles gründlich verkneten.

■ Zwei Bögen Alufolie (je ca. 40 x 50 cm) im unteren Drittel mit der übrigen Butter bestreichen. Knödelmasse halbieren, jeweils auf der Folie zu einer Rolle von etwa 6 cm Durchmesser formen, dabei seitlich jeweils 15 cm frei lassen. Folie aufrollen, die Seiten zudrehen und nach oben einschlagen.

■ Rollen in kochendes Wasser legen, bei kleiner Hitze 30 Minuten sanft köcheln lassen. Herausheben, die Enden abschneiden und die Knödelrollen auswickeln. In Scheiben schneiden.

TIPPS

Die Knödelmasse soll eine Konsistenz wie Hackfleisch haben. Ist die Masse zu weich, etwas Grieß oder Semmelbrösel zugeben. Ist sie zu trocken, noch etwas Milch zufügen.

Brotgewürz ist eine fertige Mischung meist aus feinge-mahlenen Gewürzen wie Koriander, Kümmel, Fenchel, auch Muskatnuss.

Graupenrisotto

FÜR 4–6
PORTIONEN

1 EL Butter
250 g Perlgraupen
(Rollgerste)
½ TL Thymianblätt-
chen
500–700 ml
Gemüsebrühe
1 Zwiebel
2 Möhren
1 Stange Lauch
Salz, Pfeffer aus der
Mühle
1 EL gemischte
frische Kräuter-
blättchen

■ In einem breiten Topf die Butter erhitzen. Darin die Graupen samt dem Thymian 2 Minuten unter Rühren andünsten. Mit ½ l Brühe ablöschen und zugedeckt zunächst 20 Minuten köcheln lassen.

■ Inzwischen die Zwiebel abziehen, Möhren schälen und putzen, beides klein würfeln. Lauch putzen, längs halbieren, waschen und in etwa 1 cm breite Streifen schneiden.

■ Gemüse zu den Graupen geben und zusammen noch etwa 15 Minuten köcheln lassen. Falls nötig, noch Brühe zugießen. Die Graupen sollen gar sein, aber noch Biss haben. Graupen-Risotto salzen, pfeffern und die Kräuterblättchen unterheben.

TIPP

Diese Beilage ist bodenständig und ausgefallen zugleich. Wer mag, kann den Gemüse-mix beliebig vari-ieren. Perlgraupen kann man übrigens wie Reis verwenden und zubereiten.

In Rotwein marinierter Kohl

FÜR 4 PORTIONEN

1 Kopf Rotkohl
(ca. 750 g)
4 Gewürznelken
1 Lorbeerblatt
½ l trockener Rot-
wein
2 EL Butterschmalz
1 EL Zucker
Salz, Pfeffer aus der
Mühle
1 kleine, feste Birne
1–2 EL Weinessig

■ Die äußeren Blätter vom Kohlkopf entfernen. Den Kohl vierteln und den Strunk großzügig herausschneiden. Die Viertel quer
in feine Streifen schneiden oder hobeln. Mit Nelken und Lorbeerblatt in eine Schüssel füllen und mit Wein knapp bedecken.
Zugedeckt mindestens 8 Stunden marinieren, dabei ab und zu
umrühren.

■ Kohl in einem Sieb abtropfen lassen, dabei den Wein auffangen. Butterschmalz in einem Topf erhitzen, den Rotkohl darin
5 Minuten andünsten. Mit Zucker bestreuen und leicht karamellisieren. Mit etwa 300 ml Wein ablöschen. Kohl salzen, pfeffern,
aufkochen und zugedeckt bei kleiner Hitze in etwa 25 Minuten
bissfest garen.

■ Die Birne schälen, vierteln, entkernen und klein würfeln. Unter
das Rotweinkraut mischen. Mit Salz, Pfeffer und Essig abschmecken.

TIPP

Anstelle der Birne
können Sie das
Rotweinkraut
auch gut mit klein
gewürfeltem Apfel,
in dünne Spalten
geschnittene Fei-
gen oder halbier-
ten Walnusskernen
verfeinern.

Nuss-Topfen-Spätzle

FÜR 4 PORTIONEN

50 g Magerquark
100 g Haselnuss-
kerne
3 Eier (Größe M)
Salz
250 g Mehl
ca. ⅛ l kaltes
Wasser
2 EL Butter
Außerdem:
Spätzlehobel

■ Den Quark in einem Sieb gut abtropfen lassen oder in einem
sauberen Küchentuch ausdrücken. Die Haselnüsse in einer Pfanne
rösten, bis die Haut leicht abplatzt. In ein Küchentuch einschlagen
und rubbeln, bis die Schale fast entfernt ist. Anschließend die Nüsse fein mahlen.

■ Quark mit Eiern und 1 ½ TL Salz verrühren. Mehl und Haselnüsse untermischen. Noch so viel kaltes Wasser unterrühren, bis ein
glatter und zähflüssiger Teig entsteht. Den Teig 30 Minuten ruhen
lassen.

■ Reichlich Salzwasser aufkochen. Teig portionsweise in den Auf-
satz des Spätzlehobels füllen und direkt ins siedende Wasser hobeln. Spätzle aufkochen, dann ziehen lassen, bis sie an der Oberfläche schwimmen. Mit einem Schaumlöffel herausheben und
abtropfen lassen. Die Butter erhitzen und die fertigen Spätzle darin
wenden.

TIPPS

Die Spätzle schon
am Vortag zuberei-
ten und dann kurz
vor dem Essen in
der heißen Butter
warm werden
lassen.

Als Topfen wird in
Süddeutschland
und in Österreich
ein Speisequark
bezeichnet, der
einen besonders
geringen Wasserge-
halt hat.

Wurzelgemüse aus alten Sorten

TIPP

Wer die alten Gemüsesorten im Geschäft nicht bekommt, kann diese Beilage auch aus einer Mischung von orangefarbenen Möhren, Knollensellerie, Lauch und Petersilienwurzeln zubereiten.

FÜR 6–8 PORTIONEN

1 Zwiebel
1–2 Zweige Thymian
1,2 kg gemischtes Wurzelgemüse (z.B. gelbe, rote und weiße Möhren, Steckrüben, Pastinaken, Topinambur)
2 EL Butter
Salz, Pfeffer aus der Mühle
200 ml klare Gemüsebrühe
2–3 TL gesalzene Butter

■ Die Zwiebel abziehen und fein würfeln. Den Thymian waschen, trocken schütteln und die Blättchen abzupfen. Das Gemüse putzen, schälen, waschen und in 2 cm große Würfel schneiden.

■ In einem weiten Topf die Butter erhitzen. Die Zwiebel darin andünsten, ohne Farbe annehmen zu lassen. Gemüsewürfel und die Thymianblättchen zufügen und unter gelegentlichem Rühren kurz mitdünsten.

■ Das Gemüse salzen, pfeffern und mit der Brühe ablöschen. Alles aufkochen und zugedeckt bei kleiner Hitze etwa 6 bis 8 Minuten köcheln lassen, bis das Gemüse gerade gar ist. Die gesalzene Butter zum Wurzelgemüse geben und schmelzen lassen. Gemüse mit Pfeffer abschmecken.

Im Ofen gebackene Kürbisspalten

TIPP

Sie können für diese Gemüsebeilage auch Hokkaido-Kürbis verwenden. Er ist unkompliziert in der Vorbereitung, da er nicht geschält werden muss.

FÜR 8 PORTIONEN

450 ml klare Gemüsebrühe
½ l Orangensaft
80 g Butter
½ TL Chilipulver
Salz, Pfeffer aus der Mühle
2 kg Kürbis (z.B. Butternut oder Muskatkürbis)
2 Bund Lauchzwiebeln
Außerdem: Alufolie

■ Brühe und Orangensaft in einem breiten Topf ohne Deckel bei starker Hitze auf etwa zwei Drittel der Flüssigkeitsmenge (etwa 600 ml) einkochen lassen. Die Butter unterrühren, kräftig mit Chilipulver und Salz würzen.

■ Backofen auf 200 °C vorheizen. Kürbis vierteln und schälen. Kerne und faseriges Fruchtfleisch mit einem Esslöffel herausschaben. Kürbisfleisch in etwa 2 cm dicke Spalten oder Stücke schneiden. Die Lauchzwiebeln waschen, putzen und in etwa 3 cm lange Stücke schneiden.

■ Kürbis und Lauchzwiebeln in das tiefe Backblech füllen. Mit der Würzflüssigkeit begießen und zusätzlich darin wenden. Gemüse mit Alufolie abdecken und im Ofen (2. Schiene von unten) in 25 bis 30 Minuten nicht zu weich garen. Salzen und pfeffern. Mit der entstandenen Soße servieren.

Selleriepüree mit Nussbröseln

FÜR 4 PORTIONEN

900 g Knollensellerie
50 g Schalotten
Salz
2 TL Zitronensaft
40 g Walnusskerne
1 EL Koriander- oder glatte Petersilienblätter
½ EL Butter
200 g Schlagsahne
2 EL Nussöl

■ Sellerie putzen, großzügig schälen, waschen und in etwa 1 cm große Würfel schneiden. In einem Topf mit Wasser knapp bedecken, etwas Salz und Zitronensaft zufügen. Selleriewürfel zugedeckt in 15 bis 20 Minuten weich köcheln. In einem Sieb abtropfen lassen.

■ Inzwischen Schalotten abziehen, fein würfeln. Walnusskerne grob hacken. Die Kräuterblättchen grob schneiden.

■ Butter in einem Topf erhitzen, Schalotten darin glasig dünsten. Sahne zugießen und offen bei mittlerer Hitze auf 80 bis 100 ml einkochen lassen. Sellerie zur Sahne geben und alles mit einem Pürierstab sehr fein pürieren. Mit Salz abschmecken und zugedeckt warm stellen.

■ Öl in einer Pfanne erhitzen. Nüsse und Kräuter darin 1 Minute braten und über das Selleriepüree verteilen.

TIPP

Das Püree schmeckt auch gut, wenn ein Drittel der Selleriemenge durch Kartoffeln ersetzt wird. Die Kartoffel schälen, würfeln, getrennt garen, abgießen und fein zerstampfen. Zum Schluss mit dem Selleriepüree vermischen.

Eingelegte Rotweinfeigen

FÜR 8 PORTIONEN

Bitte beachten: Feigen müssen 2 Tage ziehen.

8 blaue Feigen
1 Bio-Orange
½ Vanilleschote
½ Zimtstange
2 Pimentkörner
1 Stück Sternanis
350 ml roter Portwein oder trockener Rotwein
50 g Zucker
3 EL Cassislikör
Außerdem:
Holzspieß (z.B. Schaschlikspieß)

■ Feigen waschen und trocken tupfen. Die Früchte rundherum mit dem Holzspieß mehrmals einstechen. In ein Gefäß mit gut schließendem Deckel (z.B. Gefrierbehälter) legen.

■ Orange heiß waschen und trocken reiben. Die Schale ohne die weiße Innenhaut abschneiden. Orange halbieren, den Saft auspressen. Vanilleschote längs und quer halbieren. Zimtstange in zwei Stücke brechen. Die Pimentkörner mit der Messerbreitseite andrücken.

■ In einem Topf den Wein mit Orangensaft, Orangenschale, Vanilleschote, Zimtstange, Piment, Sternanis, Zucker und Likör langsam aufkochen. Den Würzsud kochend heiß über die Feigen gießen und das Gefäß gut verschließen.

■ Bis zum Servieren die Feigen mindestens 2 bis 3 Tage an einem kühlen und dunklen Ort durchziehen lassen.

TIPP

Die Feigen schmecken besonders gut zu dunklem Wildfleisch – ob gebraten, gegrillt oder geschmort.

Scharfes Ananas-Chutney

TIPP

Schmeckt zu kurz-
gebratenem Wild
und Wildgeflügel
sowie zu Gerichten
aus dem Wok.

FÜR 4 PORTIONEN

1 Stück frischer
Ingwer (ca. 2 cm)
1 getrocknete
Chilischote
400 g frisches Ana-
nasfruchtfleisch
Salz

■ Ingwer schälen und fein reiben. Die Chilischote fein zerstoßen,
nach Belieben die sehr scharfen kleinen Kerne aussortieren.

■ Ananas mit ½ TL Salz, Ingwer, Chili, Kreuzkümmel, Koriander und
Zucker grob pürieren. Mit Salz und Limettensaft abschmecken.

■ Kräuterblätter grob schneiden und untermischen. Chutney
mindestens 1 Stunde durchziehen lassen.

½ TL gemahlener
Kreuzkümmel
1 TL gemahlener
Koriander
50 g feiner brauner
Zucker
2 TL Limettensaft
2 EL Minze- oder
Korianderblätter

Blütenbutter

FÜR 4 PORTIONEN

1 Handvoll genieß-
bare gemischte
Wildblüten nach
Saison
150 g weiche
Butter
1 Msp. Meersalz

Genießbar sind zum Beispiel die Blüten von Hecken- und Hunds-
rose, von Holunder, Klee, Löwenzahn, Gänseblümchen, Schlüssel-
blume und Märzveilchen.

■ Die Blüten von allen grünen Teilen befreien, von Rosenblättern
auch den weißen Blattansatz abschneiden.

■ Weiche Butter mit Salz cremig rühren, die Blüten behutsam
unterheben. Blütenbutter mithilfe von Alufolie zu einer Rolle formen oder in Portionsschälchen füllen. Im Kühlschrank fest werden lassen.

TIPP

Schmeckt zu kurz-
gebratenem und
gegrilltem Wild
und Wildgeflügel.

Tomaten-Nuss-Pesto

TIPP

Als Vorrat das Pesto in ein Schraubglas mit Deckel füllen, mit Öl bedecken, gut verschließen und im Kühlschrank aufbewahren. So hält es sich mindestens 1 Woche.

FÜR 4 PORTIONEN

3 EL geschälte Haselnusskerne
120 g getrocknete, in Öl eingelegte Tomaten
1–2 Knoblauchzehen
1 Prise Zucker
30 g frisch geriebener Parmesan
ca. 100 ml kaltgepresstes Olivenöl
Salz, Pfeffer aus der Mühle

■ Nüsse in einer Pfanne ohne Fett hellgelb rösten. Abkühlen lassen und grob hacken. Tomaten kurz abtropfen lassen, in Stücke schneiden. Knoblauch abziehen und vierteln.

■ Vorbereitete Zutaten mit Zucker, Käse und 4 EL Öl fein pürieren. Noch so viel Öl zufügen, dass eine sämige Paste entsteht. Salzen und pfeffern.

Bärlauchpesto

FÜR 4 PORTIONEN

30 g geschälte Mandeln
100 g zarte Bärlauchblätter
25 g glatte Petersilie
60 g frisch geriebener Parmesan oder Pecorino
ca. 100 ml kaltgepresstes Olivenöl
Salz, Pfeffer aus der Mühle

Beim Sammeln von Bärlauch die Geruchsprobe machen: Ein Blatt zwischen den Fingern zerreiben, duftet es knofelig, ist es das richtige Kraut.

■ Mandeln in einer Pfanne ohne Fett hellgelb rösten. Abkühlen lassen und grob hacken. Bärlauch und Petersilie waschen, trocken schütteln und ohne Stängel grob schneiden.

■ Vorbereitete Zutaten mit Käse, 4 EL Öl und ½ TL Salz fein pürieren. Noch so viel Öl zufügen, dass eine sämige Paste entsteht. Salzen und pfeffern. Sofort verwenden oder zum Aufbewahren abfüllen (siehe Tipp oben).

Balsamicoschalotten

TIPP

Die würzigen Schalotten schmecken zu kurzgebratenem Wild ebenso wie zur Brotzeit mit Wildschinken oder Wildsalami.

FÜR 4 PORTIONEN

500 g Schalotten
2 EL Butterschmalz
je 1 kleiner Zweig
Rosmarin und
Thymian
200 ml trockener
Rotwein

■ Schalotten mit kochendem Wasser übergießen. Nach 2 Minuten in eiskaltem Wasser abschrecken. Abtropfen lassen und die Schale abziehen.

■ Butterschmalz erhitzen, darin Schalotten und Kräuter 3 Minuten leicht anbraten. Wein, Essig und Sirup unterrühren, salzen und pfeffern. Schalotten im Sud zugedeckt in etwa 25 Minuten bissfest köcheln lassen. Schalotten samt Sud in eine Schüssel umfüllen und zugedeckt 8 Stunden oder länger durchziehen lassen.

5–6 EL gereifter
Aceto Balsamico
2–3 EL Ahornsirup
Salz, Pfeffer aus der
Mühle

Süßsaure Waldbrombeeren

FÜR 4–6 PORTIONEN

500 g Waldbrombeeren
¼ l Sherry- oder
Rotweinessig
250 g Zucker
3 Gewürznelken
3 Pimentkörner
1 Zimtstange
Außerdem:
Schraubverschlussgläser

■ Beeren verlesen und waschen. Essig mit Zucker und Gewürzen zum Kochen bringen.

■ Beeren zufügen, einmal aufkochen. In ein Sieb schütten, dabei den Essigsud auffangen. Beeren und Gewürze in vorbereitete Gläser verteilen.

■ Sud 10 Minuten kräftig kochen lassen, dabei den entstehenden Schaum immer wieder entfernen. Heiß über die Früchte gießen, sie müssen ganz bedeckt sein.

■ Die Gläser verschließen und mindestens 1 Woche ziehen lassen.

TIPP

Die Beeren schmecken als Beigabe zu kurzgebratenem Wild und Wildgeflügel ebenso zu größeren Braten.

Cranberryketchup

TIPP

Für den Vorrat gleich die doppelte Menge zubereiten. Heiß in sterile Schraubgläser füllen, sofort fest verschließen und für 30 Minuten auf den Kopf stellen. Ketchup kühl und dunkel lagern, so hält er sich 4 bis 6 Wochen.

FÜR 6–8 PORTIONEN

500 g Cranberrys (frisch oder tiefge-kühlt)
2 Zwiebeln
1 Stück frischer Ingwer (ca. 1 cm)
3 EL Sonnen-blumenöl
1 EL Tomatenmark
100 g Zucker
¼ TL gemahlener Piment
1 TL Paprikapulver
100 ml Orangen-saft
6–8 EL Weinessig
Salz, Pfeffer aus der Mühle

Der fein-fruchtige, selbst gemachte Ketchup ist eine raffinierte Begleitung zu gegrilltem Wild. Ebenso gut schmeckt er zu gebratenen Schnitzeln von Reh, Hirsch oder Wildschwein.

■ Tiefgekühlte Cranberrys auftauen lassen. Frische Beeren waschen, verlesen und abtropfen lassen. Zwiebeln abziehen und klein würfeln. Ingwer schälen, fein reiben.

■ Öl in einem Topf erhitzen, darin die vorbereiteten Zutaten bei mittlerer Hitze unter gelegentlichem Rühren 5 Minuten andünsten. Tomatenmark, 80 g Zucker, Piment, Paprika und Orangensaft zufügen, alles weitere 15 Minuten köcheln lassen, dabei öfter umrühren.

■ Die Soße von der Kochstelle nehmen, fein pürieren und durch ein Sieb in einen zweiten Topf streichen. Erneut aufkochen und offen unter gelegentlichem Rühren zu einer ketchupartigen Konsistenz einköcheln lassen. 6 EL Essig untermischen.

■ Cranberryketchup abkühlen lassen. Mit Salz, Pfeffer, restlichem Essig und übrigem Zucker abschmecken und in vorbereitete Flaschen füllen.

Außerdem: Twist-off- oder Bügelfla-schen

Spitzpaprika mit Rehfleischfüllung

FÜR 10 STÜCK

10 bunte Spitzpaprika à ca. 50 g
1 Scheibe Toastbrot
2 EL Pistazien- oder Pinienkerne
1 Schalotte
4 Stängel Petersilie
1–2 Stängel Minze
350 g pariertes Rehfleisch
100 g Magerquark
1 TL Wildgewürz (Rezept Seite 22)
Salz, Pfeffer aus der Mühle

■ Von den Paprikaschoten am breiten Ende jeweils einen Deckel abschneiden und das Kerngehäuse im Inneren vorsichtig entfernen. Schoten waschen. Brot in Wasser einweichen. Pistazien- oder Pinienkerne hacken. Schalotte abziehen, möglichst fein würfeln. Petersilie und Minze waschen und die Blättchen fein hacken.

■ Rehfleisch in Stücke schneiden und im Blitzhacker grob zerkleinern. In eine Schüssel füllen. Toastbrot gut ausdrücken und zum Fleisch geben. Quark, Kerne, Schalotte und Kräuter zufügen. Alles gründlich verkneten. Mit Wildgewürz, Salz und Pfeffer kräftig würzen.

■ Masse in einen Spritzbeutel mit großer Tülle geben. Die Schoten damit füllen, mit Öl bepinseln, nebeneinander in die Grillschalen legen. Auf dem Rost des vorbereiteten Grills 20 bis 30 Minuten garen, dabei öfter wenden.

3 EL Olivenöl
Außerdem: Spritzbeutel mit großer Tülle, 2 große Alu-Grillschalen

TIPP

Die gefüllten Spitzpaprikaschoten schmecken auch kalt und eignen sich daher prima fürs Picknick.

Steak vom Rothirsch mit Birnenpolenta

FÜR 4 PORTIONEN

FÜR DIE POLENTA
200 ml Milch
400 ml Gemüsebrühe
1 EL Olivenöl
Salz, Pfeffer aus der Mühle
frisch geriebene Muskatnuss
150 g Instant Polentagrieß
1 kleine Birne (ca. 120 g)
1 EL Butter

■ Für die Polenta die Birne schälen, vierteln, entkernen und klein würfeln. Milch, Brühe, Öl und Birne im Topf aufkochen. Mit Salz, Pfeffer und Muskatnuss würzen. Polenta-Grieß unter Rühren einrieseln lassen.

■ Den Topf an eine kühlere Stelle auf den Grillrost des vorbereiteten Grills stellen. Unter gelegentlichem Rühren einige Minuten quellen lassen. Polenta vom Grill nehmen, die Butter einrühren und zugedeckt noch kurz ziehen lassen.

■ Hirschsteaks rundum mit etwas Öl einreiben. Bei direkter starker Hitze und geschlossenem Deckel von beiden Seiten grillen, bis sie eine Kerntemperatur von 55 °C erreicht haben. In Alufolie wickeln, an einem warmen Ort noch 5 Minuten ruhen lassen.

■ Steaks mit Malabar-Pfeffer und Meersalz würzen und mit Sprossen bestreuen. Dazu die Birnenpolenta servieren.

Außerdem: einen schweren gusseisernen Topf

FÜR DIE STEAKS
4 Rücken-Steaks vom Rothirsch, je 3–4 cm dick
2 EL Olivenöl
Malabar-Pfeffer aus der Mühle
grobes Meersalz
2 EL Sprossen (Rettich, Kresse oder Alfalfa)

Wildbratwurst im Brötchen mit süßsauren Gurken

FÜR 8 PORTIONEN

400 g Gärtnergurken
2 EL Weißweinessig
1 gehäufter EL Zucker
2 Msp. Cayennepfeffer
Salz, Pfeffer aus der Mühle
2 schnittfeste Tomaten
8 lange Wildgrillwürste (z. B. aus Hirschfleisch)
2 EL Sonnenblumenöl
8 Ciabatta- oder Baguettebrötchen
6 EL Tomatenketchup (ca. 120 g)
8 EL mittelscharfer Senf (ca. 120 g)
8 EL Röstzwiebeln (fertig gekauft)

■ Gurken waschen, putzen und in dünne Scheiben hobeln. Aus Essig, Zucker, Cayennepfeffer und Salz eine Marinade rühren. Gurkenscheiben darin wenden und 20 Minuten ziehen lassen.

■ Tomaten waschen, klein würfeln, salzen und pfeffern. Würstchen zweimal schräg leicht einschneiden und mit etwas Öl bepinseln. Auf dem Rost des vorbereiteten Grills bei mittlere direkter Hitze je nach Größe 6 bis 16 Minuten grillen, dabei einmal wenden. Die Würste sollen durchgebraten sein.

■ Gurkenscheiben abgießen, auf Küchenpapier abtropfen lassen. Brötchen auf den Grill kurz aufbacken. Jeweils der Länge ein-, aber nicht durchschneiden. Brötchen mit Tomaten und Gurke füllen, die Würstchen obenauf legen. Ketchup und Senf darauf verteilen und mit Röstzwiebeln bestreuen.

TIPP

Wer die Würste nicht grillen mag, kann sie auch in der Pfanne in heißem Öl rundum braun braten.

Frittata mit Wildschweinschinken

FÜR 4 PORTIONEN

4 Stangen grüner
Spargel
400 g vorwiegend
festkochende Kar-
toffeln
1 große Zwiebel
300 g Wildschwein-
schinken
4 EL Olivenöl
2 EL fein gehackte
Petersilie
Salz, Pfeffer aus der
Mühle
rosenscharfes Pap-
rikapulver
8 Eier (Größe M)
50 g Greyerzer am
Stück
Basilikumblätter
zum Garnieren

■ Spargel waschen, das untere Drittel schälen. Die Stangen in Stücke schneiden, diese längs halbieren. Kartoffeln schälen, waschen, in Scheiben schneiden. Zwiebel abziehen, fein würfeln. Schinken in fingerbreite kurze Streifen schneiden.

■ In einer Pfanne 2 EL Öl erhitzen. Die Kartoffeln darin bei mittlerer Hitze unter Wenden 5 Minuten braten. Spargel und Zwiebel zufügen, etwa 3 Minuten mitbraten, bis die Kartoffeln fast weich sind. In eine Schüssel füllen. Schinken und Petersilie untermischen. Mit Salz, Pfeffer und Paprika würzen. Eier verquirlen, salzen und untermischen.

■ Restliches Öl in der Pfanne erhitzen, die Kartoffelmasse einfüllen. Auf den Rost des vorbereiteten Grills oder auf die Herdplatte stellen. Bei mittlerer Hitze stocken lassen. Den Käse darüberhobeln, mit Basilikum bestreuen.

■ Das Kartoffel-Omelett behutsam aus der Pfanne gleiten und kurz abkühlen lassen. Zum Servieren wie eine Torte in Stücke oder in Quadrate schneiden.

TIPPS

Kalt eignet sich die Frittata auch gut fürs Picknick oder als Snack für unterwegs.

Anstelle des Schinkens Wildschweinsalami verwenden. Dafür die Wurst häuten, in dünne Scheiben schneiden und kurz anbraten.

Wildhackbällchen mit Walnussdip

FÜR 4 PORTIONEN

2 kleine Brötchen
vom Vortag
120 g frisch gemah-
lene Walnüsse
8 EL Olivenöl + Öl
zum Grillen oder
Braten
6–8 EL Zitronensaft
eventuell etwas
Fleischbrühe
Salz, Pfeffer aus der
Mühle
2 Schalotten
1–2 Knoblauch-
zehen
2 EL fein gehackte
Petersilie
500 g Hackfleisch
vom Wildschwein

■ Brötchen 10 Minuten in lauwarmem Wasser einweichen. Anschließend sehr gut ausdrücken und zerzupfen. Die Hälfte davon
mit Walnüssen, Öl und 6 EL Zitronensaft cremig rühren. Falls nötig
mit etwas Fleischbrühe sämig rühren. Dip mit Salz und Zitronensaft abschmecken.

■ Schalotten und Knoblauch abziehen, sehr fein würfeln. Beides
mit der Petersilie, dem Hackfleisch und dem übrigen Brötchen
gründlich verkneten. Kräftig salzen und pfeffern. Aus der Masse
mit angefeuchteten Händen walnussgroße Kugeln formen. Abgedeckt 15 Minuten kalt stellen.

■ Hackbällchen entweder auf der geölten Gussplatte des vorbereiteten Grills bei direkter Hitze in 10 Minuten rundum goldbraun
grillen. Oder in einer Pfanne rundum in heißem Öl 10 bis 12 Minuten braten. Wildhackbällchen mit dem Walnussdip servieren.

TIPPS

Zum Essen für
unterwegs Hack-
bällchen und Dip
getrennt ver-
packen und bis
zum Transport in
den Kühlschrank
stellen.

Zum Servieren
kleine Holzgabeln
zum Aufspießen
der Hackbällchen
bereitstellen, damit
man sie bequem
in den Dip tauchen
kann.

Wildschweinkoteletts in Dunkelbiermarinade

FÜR 6 PORTIONEN

650 ml dunkles Bier
100 ml Ahornsirup
1 Sternanis
12 schwarze Pfef-
ferkörner
1 EL Kümmelsamen
3 Zweige Salbei
3 EL körniger Senf
12 Wildschweinko-
teletts à ca. 150 g
1 kg Wassermelone
Salz
1 Handvoll Kräu-
terblättchen (z.B.
Zitronenmelisse)

■ Für die Marinade das Bier mit Ahornsirup und Sternanis in einen Topf geben. Pfefferkörner und Kümmelsamen mit der Breitseite des Messers anquetschen und zufügen. Alles aufkochen und offen etwa 10 Minuten einkochen lassen.

■ Salbei waschen, trocken schütteln und die Blätter streifig schneiden. Salbei in den Topf geben, die Marinade abkühlen lassen. Anschließend durch ein Sieb in eine Schüssel gießen. Senf zur Marinade geben und alles glatt rühren.

■ Wildschweinkoteletts kurz kalt waschen, trocken tupfen und mit zwei Drittel der Marinade rundum bepinseln. Zum Durchziehen zugedeckt für 2 Stunden oder länger kalt stellen.

■ Die Koteletts Zimmertemperatur annehmen lassen. Währenddessen die Melone zuerst in dicke Scheiben, dann in Dreiecke schneiden. Große Kerne entfernen.

■ Wildschweinkoteletts auf den Rost oder auf die Gussplatte des vorbereiteten Grills legen. Bei direkter Hitze je nach Größe von jeder Seite 2 bis 3 Minuten grillen. Währenddessen mit der restlichen Marinade bepinseln.

■ Die Melonenstücke von beiden Seiten kurz mitgrillen. Fertige Wildschweinkoteletts leicht salzen. Zusammen mit der Melone anrichten und mit den Kräuterblättchen bestreut servieren.

TIPP

Wildschweinkoteletts stammen überwiegend von Jungtieren wie Frischlinge und Überläufer. Ihr zartes Fleisch schmeckt aromatisch und ist fettarm.

Schwarzwild mehr als genug

Die Lebensbedingungen und das Nahrungsangebot im Wald und in der Feldflur haben sich in den vergangenen Jahren für das Wild signifikant verändert. Im Fall der Wildschweine zu ihren Gunsten. Durch einen Strukturwandel in der Forstwirtschaft hin zu einem höheren Anteil an Laubhölzern wie Eiche und Buche und einem günstigen Klima, das die Sterblichkeitsrate der Frischlinge sinken lässt, kommt es zu einer starken Vermehrung und Verbreitung der „Schwarzkittel". Hinzu kommt das üppige Nahrungsangebot, das die industrielle Landwirtschaft produziert, zum Beispiel durch verstärkten Maisanbau. Wohl genährt pflanzen sich die Tiere immer früher fort. Die Expansion des Schwarzwildes ist ein europaweites Phänomen. So wurden zum Beispiel in Spanien 1980 rund 31 600 Wildschweine erlegt, 30 Jahre später waren es 263 914! Ähnlich starke Streckenanstiege sind in Frankreich, Italien, Polen, Schweden und Tschechien zu verzeichnen. Die Wildschweine sind die Gewinner des Wandels im Ökosystem. Und es sieht nicht danach aus, als würde sich an den guten Voraussetzungen für die weitere Vermehrung der Borstentiere bald etwas ändern. Das sehen die Jägerinnen und Jäger in Deutschland und Österreich ganz realistisch und nehmen die Reduzierung des Schwarzwildes ernst. Eine zeitaufwendige Aufgabe, wenn man bedenkt, wie viele Ansitze und wie viel Einsatz notwendig sind, um eine einzige Sau zur Strecke zu bringen. Doch das Problem kann nicht allein von den Jägern gelöst werden.

Süßsaure Ente am Spieß

FÜR 4 PORTIONEN

500–600 g Wildentenbrustfilet
1 Stück Ingwer (ca. 1 cm)
1 EL Reisessig oder milder Weißweinessig
2 EL Teriyakisoße
2 TL Puderzucker
fertig gekaufte Pflaumen- oder Erdnusssoße
Außerdem: ca. 20 lange Holzspieße

■ Das Wildentenbrustfilet von Fett und Sehnen befreien. Das Fleisch mit einem scharfen Messer der Länge nach in knapp 1 cm dünne Streifen schneiden.

■ Den Ingwer schälen und ½ TL fein reiben. Ingwer mit Essig, Teriyakisoße und Zucker verrühren. Die Entenbruststreifen mit der Marinade gut vermischen und zugedeckt 2 Stunden oder länger im Kühlschrank marinieren. Währenddessen die Holzspieße in Wasser legen.

■ Die Fleischstreifen aus der Marinade heben und wellenförmig auf die gewässerten Holzspieße fädeln, dabei an einem Ende noch Platz zum Anfassen lassen.

■ Entenspieße auf den Rost oder die Grillplatte des vorbereiteten Grills legen. Bei direkter starker Hitze pro Seite 2 bis 3 Minuten grillen, dabei mit der restlichen Marinade bestreichen. Mit Pflaumen- oder Erdnusssoße servieren.

TIPP

Wer die Geschmacksrichtung süß-sauer-scharf bevorzugt, würzt die Marinade noch mit einem Hauch Chiliflocken oder Cayennepfeffer.

Fasanenbrust-Saté-Spieße

Thomas Schreder

FÜR 6 PORTIONEN

500–600 g Fasanenbrust ohne Haut und Knochen
1 Stück frischer Ingwer (1–2 cm)
1 EL Sesamöl
6–8 EL Sojasoße
1 EL Zucker (am besten brauner Zucker)
etwas getrocknete Chiliflocken
1 Knoblauchzehe
2 EL Erdnussbutter (crunchy, aus dem Glas)
¼ l Kokosmilch
1–2 EL Öl
Außerdem: lange Spieße aus Holz oder Metall

■ Die Fasanenbrust von Sehnen und Häutchen befreien. Das Fleisch längs in dünne breite Streifen schneiden. Wellenförmig auf die Spieße fädeln.

■ Für die Marinade den Ingwer schälen und fein reiben. Mit Sesamöl, Sojasoße, Zucker und einem Hauch Chiliflocken verrühren. Die Knoblauchzehe abziehen und durch eine Presse zur Marinade drücken. Das Fleisch damit dick bepinseln und abgedeckt 2 Stunden im Kühlschrank ziehen lassen.

■ Inzwischen für die Erdnusssoße die restliche Marinade mit Erdnussbutter und Kokosmilch in einem Topf glatt rühren. Langsam aufkochen und unter gelegentlichem Rühren sämig einkochen lassen.

■ Die Satéspieße entweder bei direkter starker Hitze auf dem geölten Rost pro Seite 1 bis 2 Minuten goldgelb grillen oder in einer Pfanne in heißem Öl bei starker Hitze pro Seite in 2 bis 3 Minuten goldgelb braten. Fasanenbrust-Saté-Spieße mit der Erdnusssoße als Vorspeise servieren.

TIPP

Das Fasanenbrustfleisch in jedem Fall aber nur so lange grillen oder braten, bis es außen leicht knusprig ist, sonst wird es trocken.

Thomas Schreder ist Wildbiologe, Vorsitzender der Oberbayerischen Jäger und Mitglied des BJV Präsidiums.

„Es gibt kein wertvolleres Fleisch als das Wildbret aus den bayerischen Revieren, das man selbst erjagt hat. Meine Familie und ich schätzen die Regionalität und genießen Fasan, Ente, Hase oder Reh in den verschiedensten Zubereitungsvariationen."

Gekräutertes Wildkaninchen

FÜR 4 PORTIONEN

1 küchenfertiges
Wildkaninchen von
1,5–2 kg (in 8 Stü-
cke teilen lassen)
grobes Meersalz
2 Lauchzwiebeln
1 Handvoll Bär-
lauchblätter oder
½ Bund glatte
Petersilie
2 EL frische Rosma-
rinnadeln
2 EL Zitronen-
thymianblätter
10 große Oregano-
blätter
6 EL kaltgepresstes
Olivenöl
½ TL abgeriebene
Bio-Zitronenschale
Pfeffer aus der
Mühle
Außerdem: extra-
starke Alufolie, Grill
mit Deckel

Ein ideales Rezept für Gastgeber, denn das Kaninchen kann ganz in Ruhe vorbereitet werden und wandert dann nur noch auf den Grill – und das schon fertig portioniert. Sehr bequem.

■ Am Vortag des Grillens die Wildkaninchenstücke kurz kalt waschen und mit Küchenpapier gut trocken tupfen. Das Fleisch mit einem kleinen spitzen Messer mehrmals tief einschneiden, damit es die Aromen gut aufnehmen kann. Die Fleischstücke rundum salzen.

■ Lauchzwiebeln putzen, waschen und in feine Ringe schneiden. Bärlauch oder Petersilie waschen, trocken schütteln. Petersilie von den Stängeln zupfen. Bärlauch- oder Petersilienblätter mittelfein hacken. Rosmarin, Thymian und Oregano ebenfalls mittelfein hacken. In einer Schüssel das Öl mit allen Kräutern, der Zitronenschale und den Lauchzwiebeln mischen, mit Pfeffer würzen.

■ Kaninchenstücke mit der Kräutermischung einreiben. Portionsweise auf die Mitte von vier ausreichend großen Stücken Alufolie legen. Übrige Kräutermischung darauf verteilen. Alufolie mit etwas Luft über dem Fleisch fest zusammenfalten und auch die Seiten fest verschließen. Kaninchenpäckchen bis zum Grillen in den Kühlschrank stellen.

■ Etwa 45 Minuten vor dem Grillen die Kaninchenpäckchen aus dem Kühlschrank nehmen. Auf dem Rost des vorbereiteten Grills bei mittlerer indirekter Hitze und geschlossenem Deckel garen, bis eine Kerntemperatur von 65 bis 67 °C erreicht ist. Das kann bis zu 40 Minuten dauern. Wer mag, kann die Fleischteile kurz vor Garzeitende aus den Päckchen nehmen und auf dem Rost ohne Deckel und bei direkter Hitze fertig grillen. Kaninchen vor dem Servieren noch kurz ruhen lassen.

TIPP

Auch kalt ist das gekräutere Kaninchen ein Leckerbissen. Dazu schmeckt ein leichter Dip aus Vollmilchjoghurt, der mit etwas Wasabipaste (grüner Meerrettich) und eventuell ein wenig Salz glatt gerührt wird.

Wildgeflügelcreme als Aufstrich

FÜR 4–6
PORTIONEN

1 TL Thymian-
blättchen
1 TL fein geriebene
Bio-Zitronenschale
Salz, Pfeffer aus der
Mühle
400 g ausgelöste
Wildgeflügelbrust
ohne Haut (z.B. von
Wildente, Fasan,
Rebhuhn)
3 EL Öl
¼ l Geflügelbrühe
2 EL trockener Sher-
ry oder Wermut
(nach Belieben)
80–100 g Rucola
1 EL Crème fraîche
2–3 EL Zitronensaft
12–18 Scheiben
Baguette

■ Thymian sehr fein hacken. Mit Zitronenschale, Salz und Pfeffer mischen. Das Filet damit einreiben. Öl in einer Pfanne erhitzen, Filet darin beidseitig anbraten, mit Brühe und Sherry oder Wermut ablöschen. Fleisch darin zugedeckt bei kleiner Hitze in etwa 15 Minuten garziehen lassen.

■ Brustfleisch aus der Garflüssigkeit heben, abkühlen lassen. Rucola verlesen, waschen, trocken schütteln, die Stängel entfernen. 12 bis 18 schöne Blätter beiseite legen, den Rest fein hacken.

■ Fleisch grob würfeln. Mit 2 EL Garflüssigkeit und Crème fraîche pürieren. Gehackten Rucola untermischen. Falls die Geflügelcreme zu fest ist, noch etwas Garflüssigkeit zufügen. Creme mit Salz, Pfeffer und Zitronensaft abschmecken.

■ Brotscheiben toasten oder grillen. Mit der Creme bestreichen und mit dem zurückgelegten Rucola belegen.

TIPPS

Die Geflügelcreme in einen Behälter mit gut schließendem Deckel füllen und bis zum Verzehr oder Transport in den Kühlschrank stellen.

Wer mag, kann die getoasteten oder gegrillten Brotscheiben noch mit einer längs halbierten Knoblauchzehe abreiben.

Rehburger

Susanne Schmid

FÜR 6 PORTIONEN

400 g Muskelfleisch
vom Rehfleisch
400 g Wildschwein-
bauch (von
Frischling oder
Überläufer)
1 Zwiebel
1–2 Knoblauchze-
hen
5 Stängel glatte
Petersilie
1 Ei (Größe L)
½ TL abgeriebene
Bio-Zitronenschale
1 EL Salz
Pfeffer aus der
Mühle
4 EL edelsüßes
Paprikapulver
1–2 Msp. Cayenne-
pfeffer
Mehl zum Bestäu-
ben
evtl. Butterschmalz
zum Braten
6 Burgerbrötchen
6 Salatblätter
12 Tomatenschei-
ben
Röstzwiebeln
Außerdem: even-
tuell einen Burger-
former

■ Beide Fleischsorten in grobe Stücke schneiden. Durch die 5-mm-Scheibe des Fleischwolfs drehen. Zugedeckt kalt stellen.

■ Zwiebel und Knoblauch abziehen, sehr fein würfeln. Petersilie waschen, trocken tupfen und die Blätter fein schneiden. Vorbereitete Zutaten zum Hackfleisch geben. Ei, Zitronenschale, Salz, etwas grob gemahlenen Pfeffer, Paprikapulver und Cayennepfeffer zufügen. Alles miteinander verkneten. Den Hackfleischteig abgedeckt 2 Stunden kalt stellen.

■ Mithilfe eines Burgerformers aus dem Hackfleischteig 6 flache Burger ausstechen oder formen. Beidseitig mit Mehl bestäuben. Burger entweder auf dem eingeölten Rost bei mittlerer Hitze pro Seite 7 bis 8 Minuten grillen. Oder in der Pfanne bei mittlerer Hitze in Butterschmalz gut durchbraten.

■ Burgerbrötchen aufschneiden, nach Belieben rösten. Fertige Rehburger mit je 1 Salatblatt, 2 Tomatenscheiben und einigen Röstzwiebeln zwischen die Brötchenscheiben legen.

TIPP

Dazu schmeckt eine Soße aus Senf, Tomatenketchup, etwas Joghurt und Schnittlauchröllchen.

Susanne Schmid, Masterstudentin, ist die einzige Frau und das jüngste Mitglied im Präsidium des Bayerischen Jagdverbandes. Aus einer alten Jägerfamilie stammend ist sie „Chefin" der Jungen Jäger Bayern.

„Unsere am häufigsten vorkommende Wildart ist das Rehwild, das als wahrer Feinschmecker am liebsten Kräuter und Waldfrüchte äst. Das Fleisch ist eine Delikatesse, das sich auch zum Grillen eignet."

Fasanenbrust auf Zedernholz gegrillt

FÜR 6 PORTIONEN

ca. 900 g ausgelöste parierte Fasanenbrüste
350 ml Orangensaft (möglichst frisch gepresst)
3 EL flüssiger Bienenhonig
1 TL gemahlener Piment
Salz
3 EL Rum
2 TL Puderzucker
Außerdem: 2 Grillbretter aus Zedernholz, Grill mit Deckel

■ Brustfilets in eine Schüssel legen. Orangensaft mit Honig und Piment aufkochen und 5 Minuten köcheln, dann auskühlen lassen. Fasanenbrüste damit bedeckten. Fleisch zugedeckt 3 bis 4 Stunden marinieren, währenddessen öfter wenden. Die Grillbretter 1 bis 3 Stunden in Wasser einweichen.

■ Das Fleisch aus der Marinade heben, abtropfen lassen und trocken tupfen. Rundum salzen. 4 EL der Marinade mit Rum und Puderzucker verrühren. Das Fleisch damit dünn bepinseln und auf die Grillblätter legen.

■ Fasanenbrüste samt den Brettern auf den Rost des vorbereiteten Grills legen. Bei mittlerer indirekter Hitze und geschlossenem Deckel bis zu einer Kerntemperatur von 60 °C grillen. Dabei etwa alle 5 Minuten mit der Rummarinade bepinseln, damit das Fleisch nicht trocken wird.

TIPPS

Die Holzbretter gibt es als Grillzubehör in Haushaltswarengeschäften oder im Baumarkt zu kaufen. Auch aus anderen Laubhölzern.

Fürs Picknick die gegrillten Fasanenbrüste ganz lassen oder in Scheiben schneiden. Dazu schmecken frische Feigen oder Feigensenf.

Gourmetkoch und Wildküche

Karl Ederer

Karl Ederers Leitmotiv für seine Gourmetküche: Viel Natur auf den Teller bringen! Ein Geschenk der Natur ist für ihn das Wildbret. Seine bayerische Kulturküche, die er in seinem Wirtshaus „Zur Schwalbe" im Münchner Westend anbietet, ist inspiriert vom Jagen und Fischen. In der Schwalbe gibt's auf Wunsch auch nur „a Halbe", aber wer möchte schon verzichten, wenn Renke, Gams, Reh oder Schwammerl im Angebot sind. Einen Rehrücken so lange in Rotwein zu marinieren, bis der feinwürzige Fleischgeschmack garantiert „abgesoffen" ist, das ist für ihn alte Welt. Lieber legt er ein Stück Maibock auf den Grill und serviert dazu saisonales Gemüse oder einen Salat. Verarbeitet werden in seiner Küche nicht nur die „Edelstücke" wie der Rücken, das ganze Tier erfährt seine Wertschätzung. Rehfleisch eignet sich bestens für Bolognese, Wildschwein für die Sülze. Wild im Herbst oder Winter kaufen und bis Mai im Gefrierschrank lassen, das ist für ihn keine Schande, sondern wohl überlegte Vorratshaltung. Am liebsten wäre es dem Sternekoch, wenn in jedem Discounter ein Heimatregal aufgestellt würde mit regionalen Angeboten. Getreu seinem Credo, dass nur „Heimat-Food" nach Heimat schmeckt. Das ist beim Wildbret nicht anders als bei den selbst gepflückten Heidelbeeren.

Der gebürtige Niederbayer lernte bei Eckart Witzigmann. 1983 eröffnete er das „Glockenbach", erhielt 1995 einen Stern im Michelin. Das „Schweinsbräu" in den Herrmannsdorfer Landwerkstätten machte er zum Prototypen eines Bio-Restaurants. 2001 eröffnete er das „Ederer" in München, 2015 übernahm er das Wirtshaus „Zur Schwalbe".

Geschmorte Rehschulter

FÜR 6 PORTIONEN

1 kleine Zwiebel
80 g Knollensellerie
1 kleine Möhre
1 große und zwei kleine Rehschultern (1,2–1,6 kg; am besten vorbestellen)
5 EL Rapsöl
40 g Butter
1 EL Mehl
½ l Rotwein
Salz, Pfeffer aus der Mühle

■ Den Backofen auf 200 °C vorheizen. Zwiebel, Sellerie und Möhre schälen und klein schneiden. Die Rehschultern am Gelenk durchschneiden.

■ Rapsöl und Butter in einer Bratreine im Backofen erhitzen. Die Rehschultern in die Reine legen und im Ofen (Mitte, Umluft 180 °C) 20 Minuten anbraten. Zwiebel, Sellerie und Möhre dazugeben, mit Mehl bestäuben und 10 Minuten mitbraten. Fleisch mit Rotwein und 300 ml Wasser begießen, mit Salz und Pfeffer würzen.

■ Die Backofentemperatur auf 180 °C reduzieren. Die Rehschultern 1 bis 1 ½ Stunden schmoren lassen. Aus der Soße heben, portionieren und warm halten. Die Schmorsoße durch ein grobes Sieb passieren oder drücken, nochmals aufkochen lassen und mit Salz und Pfeffer abschmecken.

Wald
vegetarisch

Sammelstücke von Mutter Natur: Im Sommer strotzen Waldbeeren geradezu vor Aroma und überraschen diesmal als pikante Gaumenfreuden. Wird es Herbst im Wald, ist endlich wieder Schwammerlzeit. Taufrisch geerntet und zügig zubereitet, sind Pilze ein Festmahl. In Zitronenbutter gebraten, mit Mozzarella serviert oder mit Kartoffeln kombiniert. Jeder Bissen ein Genuss. Frische Nüsse werden mit Kräutern gebraten, zu Soße gekocht oder mit Gewürzen zur Aperitifknabberei veredelt. Sie erfahren, wie Maroni geröstet und zu würzigem Püree verarbeitet werden und wie man aromatisches Hagebuttenmus kocht.

Waldpilze – delikate Sammlerstücke

Sehnsüchtig streifen Pilzfreunde wie Feinschmecker im Herbst durch die Wälder, um beliebte Köstlichkeiten wie Maronenpilze, Parasol, Pfifferlinge, Rotkappen, Herbsttrompeten und Steinpilze zu sammeln. Wer nicht nur essbare Pilze suchen, sondern auch finden möchte, sollte allerdings schon sehr zeitig aufstehen.

Was muss man zum Sammeln mitnehmen?

Drei Dinge: ein scharfes Messer, einen luftdurchlässigen Korb und ein aktuelles Pilz-Bestimmungsbuch. Plastiktüten und geschlossene Gefäße sind zum Sammeln ungeeignet, Pilze brauchen Luft.

Was ist wichtig beim Pilze Sammeln?

Vor allem, dass man sich auskennt. Nur Pilze mitnehmen, die man eindeutig und zweifelsfrei erkennen und bestimmen kann. Ist man unsicher, den Pilz besser stehen oder von einem Pilzfachmann checken lassen. Einen Experten in der Nähe findet man auf der Homepage der Deutschen Gesellschaft für Mykologie.

Wie erntet man richtig?

Nur frische, saftig-pralle und makellose Exemplare mitnehmen. Diese behutsam herausdrehen oder mit dem Messer knapp über dem Boden abschneiden. Alte und stark verschmutzte Pilze stehen lassen.

Wie werden Waldpilze gelagert?

Luftig, locker und kühl. Idealerweise bereitet man Pilze möglichst frisch zu, da sie leicht verderben. Muss man die Pilze kurzfristig (1 bis 2 Tage) aufbewahren, in einer Papiertüte ins Gemüsefach des Kühlschranks legen.

Und wie vorbereiten?

Nicht waschen, trocken putzen. Pilze nehmen Wasser wie ein Schwamm auf und verlieren dabei ihr Aroma. Meist reicht es, von den Pilzen Erde und Sand behutsam mit einem Pinsel abzubürsten, notfalls mit einem feuchten Küchenpapier sanft abreiben. Anschließend mit einem Messer eventuelle Flecken und Druckstellen entfernen.

Waldhimbeeressig

FÜR CA. ½ L

Bitte beachten: Essig muss 1 Woche ziehen.

100 g makellose, reife Waldhimbeeren
3–4 makellose Blütenblätter von ungespritzten Duftrosen (nach Belieben)
3 weiße Pfefferkörner
½ l milder Weißweinessig
Außerdem: 1 saubere 1-l-Flasche mit weitem Hals

■ Himbeeren in die vorbereitete Flasche füllen. Rosenblätter und Pfefferkörner zu den Beeren geben. Den Essig zugießen und die Flasche gut verschließen. Essig an einem dunklen und kühlen Ort mindestens 1 Woche durchziehen lassen, dabei täglich einmal leicht schütteln.

■ Essig durch ein Haarsieb gießen. Für noch mehr Fruchtaroma behutsam etwas Saft aus den Beeren pressen. Waldhimbeeressig in saubere kleine Flaschen abfüllen, gut verschließen und an einem dunklen und kühlen Ort aufbewahren.

TIPP

Fein zu Blattsalaten und zum Verfeinern von Wild- und anderen Fleischsoßen, aber auch zum Abrunden von Desserts.

Pikante Walderdbeeren mit Ziegenkäse

FÜR 4 PORTIONEN

2 EL milder Weißweinessig
1 EL gereifter Aceto balsamico
2 TL aromatischer Bienenhonig (z.B. Blütenhonig)
300–400 g makellose Walderdbeeren
4 Basilikumblätter
4 Scheiben Ziegenfrischkäse von der Rolle à 50 g

■ Beide Essigsorten und Honig unter gelegentlichem Rühren langsam erhitzen, bis sich der Honig aufgelöst hat. Abkühlen lassen. Erdbeeren kurz und vorsichtig waschen, trocken tupfen. Basilikumblätter in feine Streifen schneiden. Beeren und Basilikum zum Essig-Honig-Sirup geben.

■ Ziegenfrischkäse in einer Pfanne in heißem Öl von beiden Seiten kurz braten. Mit den marinierten Walderdbeeren samt Sirup auf Tellern anrichten und leicht pfeffern.

Pfeffer aus der Mühle
2 EL Öl

TIPP

Als Vorspeise ebenso fein wie als Menü-Abschluss oder Snack für zwischendurch. Sie schmecken auch gut zu anderen Käsesorten.

Hagebuttenmus

500 g reife, aber
noch feste Hage-
butten
Saft von 1 Zitrone

■ Hagebutten verlesen, Stiele und Blütenansatz herausschneiden. Früchte längs halbieren und die Kerne mit einem Löffelstiel
entfernen (Küchenhandschuhe anziehen). Fruchthälften gründlich waschen, bis alle Samenhärchen herausgelöst sind. Hagebutten in einem Topf knapp mit Wasser bedecken. Zitronensaft
zufügen. Alles aufkochen und 20 bis 30 Minuten köcheln, bis die
Hagebutten weich sind. Die Masse fein pürieren, zusätzlich durch
ein Sieb streichen.

TIPP

Das Mus vefeinert
dunkle Wildso-
ßenoder rundet
Salatdressings ab.
Und mit etwas ge-
schlagener Sahne
vermischt und mit
Salz und Pfeffer ge-
würzt ergibt es eine
fruchtige Beigabe
zu Wildfleisch.

Jagdkalender am Beispiel Bayerns

Frisches Wild ist nicht immer verfügbar, denn die heimischen Wildtierarten haben – je nach Alter und Geschlecht – unterschiedliche Jagd- und Schonzeiten. Aus der folgenden Tabelle geht hervor, wann die Wildarten erlegt werden dürfen und somit auch in der Küche verfügbar sind.
Noch ein Hinweis: Bei der Tabelle handelt es sich um den Bayerischen Jagdkalender. Die Jagd- und Schonzeiten können in anderen Bundesländern abweichen. Sie sind im Internet zu finden unter: www.schonzeiten.de

Jagdzeit auf	bejagbar von	bis
Rotwild		
Kälber, Alttiere	01.08.	31.01.
Schmaltiere, -spießer	01.06.	31.01.
übrige Hirsche	01.08.	31.01.
Dam- und Sikawild		
Kälber, Alttiere	01.09.	31.01.
Schmaltiere, -spießer	01.07.	31.01.
übrige Hirsche	01.09.	31.01.
Rehwild		
Kitze, Geißen	01.09.	15.01.
Schmalrehe	01.05.	15.01.
Böcke	01.05.	15.10.
Schwarzwild		
Bachen, Keiler	16.06.	31.01.
Frischlinge, Überläufer	ganzjährig	

Jagdzeit auf	bejagbar von	bis
Gamswild	01.08.	15.12.
Muffelwild	01.08.	31.01.
Feldhasen	16.10.	31.12.
Rebhühner	01.09.	31.10.
Fasane	01.10.	31.12.
Stockenten	01.09.	15.01.
Wildkaninchen	ganzjährig	

Für die Aktualität der Tabelle besteht keine Gewähr.

Radiocäsium

Mit einem landesweiten Netz von 108 Radiocäsium-Messstationen sorgen der Bayerische Jagdverband und die Forstbetriebe dafür, dass in Bayern kein verstrahltes Wildbret in den Verkehr kommt. Außerdem wird jedes Stück auf Trichinen kontrolliert, die schwere gesundheitliche Probleme auch bei Menschen auslösen können. Wildbret ist somit eines der bestüberwachten Lebensmittel.

Auch 27 Jahre nach Tschernobyl kann vor allem in einigen Teilen Bayerns beim Schwarzwild noch keine Entwarnung gegeben werden. Die Ablagerung radioaktiver Isotope im Boden als Folge des Gaus 1986 im damaligen Unglücksmeiler fiel europaweit unregelmäßig aus. Während in weiten Teilen Bayerns die erlegten Wildschweine unbelastet oder nur geringfügig belastet sind, beobachtet der Bayerische Jagdverband in den Fallout-Regionen im Winter und Frühjahr teilweise Überschreitungswerte. Die Regionen mit den höchsten Schwarzwildpopulationen, wie Unterfranken, blieben von den kontaminierten Niederschlägen verschont. Zu den belasteten Fallout-Gebieten gehören das Alpenvorland, Teile Schwabens und der Bayerische Wald. Hier kann die durchschnittliche Überschreitung des Grenzwertes bei 30 bis 50 % liegen.

Verantwortlich dafür ist die Ernährung der Wildtiere. Die Belastung bei Wildschweinen ist hauptsächlich darauf zurückzuführen, dass sie sich von Hirschtrüffeln und Maronenröhrlingen ernähren, die als Radionuklidsammler gelten, das heißt, diese Pilze reichern strahlendes Cäsium-137 stärker an als andere Pilze. Reh- und Rotwild sind aufgrund ihrer andersartigen Ernährungsweise übrigens so gut wie unbelastet. Von den in Bayern im letzten Jagdjahr erlegten Wildschweinen (rund 66 000 Tiere) weist nur ein geringer Prozentsatz eine erhöhte Strahlenbelastung auf. In Messstationen wird das Fleisch von Schwarzwild zwingend kontrolliert, bevor es in den Handel kommt. Jeder Verbraucher, der Schwarzwild kauft, kann das Messprotokoll einsehen.

Fleisch, das mit mehr als 600 Becquerel pro Kilo belastet ist, muss nach den strengen deutschen und europäischen Fleischhygienerichtlinien vernichtet werden und ist zum Verzehr nicht mehr geeignet. Für den Verlust können die Jäger eine Ausgleichszahlung beim Bundesverwaltungsamt beantragen.

Belastete Pilze

Auch die Schwammerl sind nach der Reaktorkatastrophe 1986 immer noch radioaktiv belastet. Wie hoch, das variiert nach Sorte und Standort. Besonders betroffen sind Waldgebiete in Süddeutschland, etwa das Münchner Umland, der Bayerische Wald, die Alpen und der Pfälzer Wald, wo viel des radioaktiven Regens niederging und das radioaktive Cäsium-137 für die Wurzeln frei verfügbar ist. Röhrenpilze wie zum Beispiel Maronen oder Birkenröhrlinge können deutlich erhöhte Grenzwerte aufweisen. Steinpilze hingegen sind in der Regel weniger belastet. Niemand muss, da sind sich die Experten einig, mit gesundheitlichen Folgen durch Strahlenbelastung rechnen, wenn Pilze normal zubereitet und in üblichen Mengen verzehrt werden. Risikogruppen wie Kinder und Schwangere sollten auf den Verzehr von Waldpilzen und Waldfrüchten allerdings verzichten und stattdessen unbelastete Zuchtpilze verwenden.

Fachwörter

Lebendbeschau: Begutachtung des lebenden Wilds auf abnorme Verhaltensweisen

Letzter Bissen: Zweig, der einem erlegten Wild in den Äser (das Maul) gelegt wird, zum Zeichen des Respekts und der Ehrerbietung

Strecke verblasen: Das an einem Jagdtag erlegte Wild wird nach altem Brauchtum aufgelegt. Danach blasen die Jagdhornbläser das jeweilige Todsignal für die Tierart und zum Schluss „Jagd vorbei" und „Halali".

Äsung: die Nahrung

Rotten: der Familienverband beim Schwarzwild, bestehend aus weiblichen Tieren (Bachen) und dem Nachwuchs (Frischlinge)

Leitbache: Bache, die die Rotte anführt

Habitate: Lebensraum einer Art

Sasse: Flache, selbst gescharrte Erdmulde, in der der Hase ruht

Rammelzeit: Begattungszeit des Feldhasen

Sprünge: Zusammenschluss zu Familiengruppen bei Rehen vom Spätherbst bis ins Frühjahr

Ketten: Familienverband der Rebhühner

Rezeptregister

Adressen

Landhotel Winterl
Engerlgasse 18
94505 Bernried
Tel 09905/261
Fax 09905/8141
hotel-winterl@t-online.de
www.hotel-winterl.de

Horizont e.V.
Geschäftsstelle
Fürstenstr. 5
80333 München
info@horizont-ev.org

Müller-Bauer Ladengeschäft München
Beratung und Verkauf
Blumenstr. 3
80331 München
Tel 089/24 20 38 66
Fax 089/24 20 38 67
laden@hubertus-gmbh.de

Löwenbräukeller
Eventlocation München
Nymphenburger Str. 2
80335 München
Tel 089/54 72 66 90

Landesjagdverband Bayern – Bayerischer Jagdverband e.V.
Hohenlindner Str. 12
85622 Feldkirchen
Tel 089/99 02 34-0
www.jagd-bayern.de

Stichwortregister

Bildnachweis

Michael Agel: S. 139
Bayerischer Jagdverband: S. 6, 87
Colourbox: S. 8, 16, 17 beide, 162
Fotolia: S. 4 oben, 14 links, 15, 20 beide, 21 beide, 58, 148, 149, 163, 166
Griesch Fotografie: S. 65
Huber, Andreas: S. 7
Klavinius: S. 102 oben
Living4media: S. 84 beide
Privat: S. 49, 59, 68, 73, 102 unten, 107, 143
Nikolas Schmidbauer: S. 79
Shotshop: S. 14 mitte, rechts, 16
Stockfood: U1, U4 alle, S. 4 unten, 5 beide, 10, 12, 13, 23, 24, 27, 29, 31, 33, 35, 37, 38, 41, 43, 45, 47, 50, 53, 55, 57, 60, 61, 62, 64, 66, 67, 69, 71, 72, 74, 75, 77, 78, 80, 81, 82, 83, 85, 86, 89, 90, 92, 93, 95, 97, 99, 100, 101, 103, 105, 108, 110 beide, 111, 113, 115, 116, 117, 119, 120, 121 beide, 122, 123 beide, 124, 126, 127, 127, 127, 129, 133, 134, 135, 137, 138, 141, 142, 144, 146, 151, 152, 153, 155, 157, 159
Wikimedia: S. 11 (Rameessos)
Fotoagentur Wolfram/Janine Guldner: S. 70

ISBN 978-3-86362-039-4

Projektleitung, Redaktion und Lektorat: Christine Paxmann
Redaktion: Barbara Ettl, BJV-Öffentlichkeitsarbeit/Presse
Mitarbeit: Prof. Dr. Jürgen Vocke, Präsident des Bayerischen Jagdverbandes
        Egbert Urbach, Leiter der BJV-Jagdschule
        Ramona Pohl-Uebel, Assessorin. d. höheren Forstdienstes
        Eric Imm, Geschäftsführer der Wildlandstiftung Bayern
        Thomas Schreder, BJV Pressesprecher
        Dr. Michael Maier, Persönlicher Referent
Layout und Gestaltung: Christine Paxmann text • konzept • grafik, München

Alle Rezepte dieses Buches wurden mit Sorgfalt zusammengestellt und überprüft.
Eine Garantie kann jedoch nicht übernommen werden.

Printed in Italy 2015

Verlagswebsite: www.d-hverlag.de

FSC
www.fsc.org
MIX
Papier aus ver-
antwortungsvollen
Quellen
FSC® C084761